KairosEdition

Der Autor

Lama Anagarika Govinda (1898-1985), Mystiker, Schriftsteller und Maler, wurde als Ernst Lothar Hoffmann in Deutschland geboren. Er verbrachte den Großteil seines Lebens in Indien, dessen Sataatsbürger er wurde. Dort prägten ihn die Auseinandersetzung mit Rabindranath Tagore und dem tibetischen Mystiker Ngawang Kalzang. Aufsehen erregten Govindas Tibet-Expeditionen, die er gemeinsam mit seiner Ehefrau unternahm, der Künstlerin Li Gotami. Bücher wie *Der Weg der weißen Wolken* und *Grundlagen tibetischer Mystik* ließen Anagarika Govinda weltweit bekannt werden. Als Brückenbauer zwischen Ost und West versöhnte er die Spiritualität des Buddhismus und Daoismus mit der europäischen Idee der Individualität. 1933 gründete er in Indien den Orden Ārya Maitreya Maṇḍala. Seit Govinda 1931 von seinem tibetischen Lehrer Ngawang Kalzang Initiationen empfing, beschäftigte ihn das Thema der tantrischen Einweihung und ihrer inneren Beziehungen zu den antiken Mysterien des Westens. www.arya-maitreya-mandala.org

Die Herausgeberin

Birgit Zotz ist Kultur- und Sozialanthropologin sowie Tourismuswissenschaftlerin. Ihre Studien schloss sie an Universitäten in Wien und Linz ab. Sie veröffentlichte Bücher und Artikel zu Themen der Mystik und Besessenheit, über Kulturtransfer, Tourismus und interkulturelle Rezeptionsphänomene. Sie leitet das Projekt Kômyôji - Eurasischer Humanismus und interkulturelle Spiritualität (www.komyoji.at). Zu ihren Veröffentlichungen zählt das Buch *Destination Tibet. Touristisches Image zwischen Politik und Klischee* (Hamburg 2010). www.birgit-zotz.at

Lama Anagarika Govinda

Initiation

Vorbereitung • Praxis • Wirkung

Herausgegeben von Birgit Zotz

Kairos Edition | Luxemburg

&

Lama und Li Gotami Govinda Stiftung | München

Kairos Edition
und
Lama und Li Gotami Govinda Stiftung

Kairos a.s.b.l. – Luxembourg
www.kairos.lu | info@kairos.lu

Lama und Li Gotami Govinda Stiftung
www.arya-maitreya-mandala.org | network@arya-maitreya-mandala.org

Herstellung: BoD - Books on Demand GmbH, Norderstedt

ISBN 978-2-919771-07-3

Inhalt

Einleitung von Birgit Zotz

Anagarika Govinda und die Mysterien 7

Über Unsagbares schreiben | Was ist Initiation? | Govindas Perspektive | Einweihung und Individualität | Zum vorliegenden Text

Lama Anagarika Govinda: Initiation

1. *Kapitel:* Vom Sinn der Initiation 31

Zur Geschichte der Einweihungsriten | Die Rolle der Symbolik | Die Quelle der Kraft

2. *Kapitel:* Gewähren und Empfangen 37

Guru und Śiṣya | Erfahrungen der Einweihung | Das geistige Band

3. *Kapitel:* Voraussetzung der Einweihung 43

Akzeptieren des Mysteriums | Geheimnis des Ich | Bescheidenheit

4. *Kapitel:* Die äußere Handlung der Einweihung 49

Was Begriffe übersteigt | Das Siegel der Initiation | Äußeres zählt wenig

5. *Kapitel:* Das innere Geschehen einer Initiation 55

Symbolische Sprache | Initiation der Ḍākinī | Verwandlung der Welt | Vollkommene Transformation

6. *Kapitel:* Das Bewahren der Tradition 65

Behutsame Weitergabe | Parodien des Tantra | Inspiration statt Imitation

7. *Kapitel:* Durch die Pforten des Todes 71

Der Tempel des Leibes | Der Diamantkörper | Unsterblichkeit

8. Kapitel: Magie und Mysterium 79

Konfrontation mit dem Schatten | Unmittelbare Wirkungen | Die heilige Schau

9. Kapitel: Vorbereitung auf die Initiation 89

Erste Schritte | Der Wert des Individuellen | Meditation

Anmerkungen 97

Inhalt

Einleitung von Birgit Zotz

Anagarika Govinda und die Mysterien

Über Unsagbares schreiben

Anagarika Govinda, dessen Gedanken zur Initiation mit diesem Buch vorliegen, empfing 1931 seine erste tantrische Einweihung durch den Tomo Geshe genannten tibetischen Mystiker Ngawang Kalzang (1866-1936). Seither beschäftigte ihn das Thema der Initiation. In Tibet bewahrte Praktiken des indischen Tantra erschienen dem gebürtigen Europäer Govinda in einer inneren Beziehung zu den verlorenen antiken Mysterien des Westens. In diesem Sinn empfand er, dass „Tibet das letzte lebendige Glied ist, das uns mit den Kulturen einer fernen Vergangenheit verbindet." Denn die „Mysterienkulte Ägyptens, Mesopotamiens, Griechenlands, der Inkas und Mayas, sind bis auf einige fragmentarische Überlieferungen auf immer unserer Kenntnis entzogen."[1]

Ein bekanntes der überlieferten Fragmente, auf die Govinda mit diesen Worten anspielte, ist der Roman *Metamorphosen* des Apuleius. Das Werk des 2. Jahrhunderts n. Chr. behandelte auch die Einweihung in die Mysterien der ägyptischen Göttin Isis, die der Autor selbst erfuhr. Nachdem er zehn Tage „in ehrfurchtsvoller Enthaltsamkeit richtig innegehalten hatte," kam der Zeitpunkt seiner Initiation. Alle Uneingeweihten schickte man fort, Apuleius wurde in ein grobes Leinengewand gekleidet und von einem Priester ins Heiligtum geführt. Dann bricht die Schilderung des Geschehens jäh ab:

„Du fragst mich vielleicht recht voller Spannung, eifriger Leser, was dann gesprochen, was getan wurde. Ich würde es dir sagen, wenn ich's sagen dürfte; du würdest es erfahren, wenn du's hören dürftest. Aber gleiche Schuld würden sich die Ohren wie die Zunge zuziehen für diese ruchlose Neugier."[2]

Wer verriet, was er konkret im Verlauf einer Initiation sah, hörte und erfuhr, dem drohte der Tod. Schon allein deswegen empfahl sich Schweigen. Diese Geheimhaltung bildet kultur- und zeitübergreifend ein Motiv initiierender Traditionen. Von einem ägyptischen Ritual hieß es: „Wer das enthüllt, der stirbt durch Ermordung, weil es ein großes Mysterium ist."[3] Bei den Marind im südlichen Neuguinea heißt es, die Göttin Nahi-iwaq lauere in Gestalt eines Krokodils im Sumpf, um jene Initiierten zu verschlingen, die sich nicht an das Gebot des Stillschweigens hielten.[4] Auch im buddhistischen Tantra gilt das Prinzip, Uneingeweihten keine Geheimnisse zu verraten.[5] Nach dem *Caṇḍamahāroṣaṇatantra* wird zum Opfer des Schwerts, wer sich daran nicht hält.[6]

Apuleius versuchte in seinen *Metamorphosen*, ohne etwas von den tatsächlichen Vorgängen der Einweihung preiszugeben, zumindest die Natur seiner Erlebnisse anzudeuten:

„Ich bin an die Grenze des Todes gekommen und habe die Schwelle der [göttlichen Königin der Unterwelt] Proserpina betreten, durch alle Elemente bin ich gefahren und dann zurückgekehrt, um Mitternacht habe ich die Sonne in blendend weißem Lichte leuchten sehen, den Göttern droben und drunten bin ich von Angesicht zu Angesicht genaht und habe sie aus nächster Nähe angebetet."[7]

Zwar lässt sich diese Darstellung auf abstrakte Weise interpretieren: Das Erreichen der Schwelle der Unterwelt mag eine vorweggenommene Erfahrung des Sterbens meinen. Die Reise durch Erde, Wasser, Feuer und Luft, kann darauf anspielen, dass sich ihm das Wesen der Welt durch die intime Begegnung mit ihren Bausteinen erschloss. Dass die Nacht zum hellen Tag wurde, will vielleicht ausdrücken, wie er aus der gewöhnlichen Chronologie, in der sich Helligkeit und Dunkelheit abwechseln, in einen überzeitlichen Zustand entrückt wurde. Wenn er Göttern des Himmels und der Unterwelt direkt begegnete, behauptet er den Verkehr mit höheren Wesen.

Doch wie sollten ein Tod zu Lebzeiten, das „Durchgezerrtwerden des Initianden durch die Elemente“[8], ein Herausfallen aus der Zeit und die Begegnung mit Gottheiten konkret vorstellt werden? Jede Überlegung bleibt Spekulation. Wer nicht dasselbe erlebte, kann Apuleius nur zustimmen, wenn er der oben zitierten Schilderung noch den Satz hinzufügte: „Damit habe ich dir berichtet, was du, magst du's auch hören, doch unbedingt nicht verstehen wirst.“

Dieses offen bekannte Bewusstsein eigentlich Unverstehbares mitzuteilen, lässt sich als Hinweis darauf lesen, dass es vielleicht gar nichts zu verstehen gibt. Es wäre dann nicht allein die Angst vor der Bestrafung des Verrates, die Auskünfte über die Inhalte antiker Mysterien spärlich und wenig anschaulich ausfallen ließen, sondern die Unmöglichkeit, Erfahrenes in verständlichen Begriffen zu fassen. Bei Cicero, der sich in die Mysterien von Eleusis einweihen ließ, lesen wir, dass diese nicht nur den Beginn eines freudigen Lebens, sondern auch die Hoffnung auf einen besseren Tod ermöglichen.[9] Dies klingt nicht nach der Vermittlung einer Geheimlehre, die man ausplaudern könnte, sondern nach einem existentiellen Erlebnis.

Vor dem Hintergrund, dass die Mysterien ‚unsagbar' (*arrheta*) waren, fragte Walter Burkert: „Heißt dies, daß man nicht nur künstliche Geheimhaltung erzwang, um die Neugier um so mehr zu reizen, sondern daß das Entscheidende, Zentrale sprachlich nicht faßbar und ausdrückbar war? Proklos spricht von der ‚unsagbaren Sympathie der Seele mit dem Ritual'; weit älter ist der vielzitierte Satz des Aristoteles, wonach ‚diejenigen, die in die Mysterien eingeweiht werden' (*teloumenoi*) nicht mehr ‚lernen' (*mathein*), sondern ‚erfahren' oder ‚erleiden' sollten (*pathein*)."[10]

In dieser Tradition des Begreifens der Mysterien sah sich Anagarika Govinda. Behandelte er in den Texten dieses Buchs und an anderen Stellen seines Werks Fragen der Initiation, unternahm er wie Apuleius bewusst den Versuch, über eine Sache zu schreiben, deren Wesen mit Worten gar nicht zu berühren ist. Er bediente sich darum, je mehr es um das eigentliche Thema ging, einer bildlichen Sprechweise.

„Diese Symbolsprache" dient Govinda zufolge nicht nur dem „Schutz vor der Profanierung des Heiligsten durch intellektuelle Neugier und Mißbrauch yogischer Methoden und psychischer Kräfte durch Unwissende und Nichteingeweihte, sondern hat weitgehend ihren Ursprung in der Tatsache, daß die Umgangssprache die höchsten Erlebnisse des Geistes nicht auszudrücken vermag. Das Unbeschreibliche, nur dem Eingeweihten und Erlebenden Verständliche, kann nur durch Gleichnisse und Paradoxe angedeutet werden."[11]

Wer sich als Leser mit Govindas Gedanken zur Initiation beschäftigen möchte, ist damit immer wieder gefordert, Symbole auf sich wirken zu lassen, zwischen den Zeilen zu suchen und zu sehen, was ein Gleichnis ihm erschließt oder ein Paradoxon in ihm auslöst.

Was ist Initiation?

Zunächst bedarf das Wort *Initiation* einer Klärung. Die Ethnologie und andere Wissenschaften verwenden diesen ursprünglich für antike Mysterien benutzten Begriff heute für zahlreiche Praktiken in vielen Kulturen und Gemeinschaften, bei denen der Übergang in eine neue soziale Funktion oder ein Prozess der Wandlung des Einzelnen nach festgelegten rituellen Abläufen erfolgt. Der erste, der das Wort im interkulturellen Sinn gebrauchte, war der Jesuit Joseph François Lafitau (1670-1740), der Mysterien der griechischen Antike mit Bräuchen der Irokesen verglich.[12]

Was man seither unter die Kategorie *Initiation* reihte, trägt im jeweiligen Kontext verschiedene Bezeichnungen. In brasilianischen Kulten spricht man bei einer spirituellen Einweihung von *Feitura*, was „Schaffen" oder „Anfertigen" ausdrückt.[13] Indische Traditionen verwenden *Abhiṣeka*, was „Besprengen (mit Wasser)" bedeutet, und *Dīkṣā*, was sich als Weihen oder Widmen übersetzten lässt. Die Initiation in den afrikanischen Oro- und Kutito-Geheimbund wird als *awomimon* beizeichnet, „das Unsichtbare sehen."[14]

Wird *Initiation* derart für voneinander abweichende Phänomene verwendet, mit denen man ein weites Spektrum von Worten und Assoziationen verbindet, erhält der Begriff eine Unschärfe. Trotzdem ist er zur Bezeichnung einer Kategorie sinnvoll, denn im interkulturellen und historischen Vergleich zeigen sich in vielen Gemeinschaften ähnliche Charakteristika bei rituellen Übertritten von einer sozialen oder spirituellen Rolle in eine andere. Anton Antweiler fand Worte einer übergreifenden Definition der Initiation: „Durch Wort, Handlung, Erlebnis jemanden in etwas feierlich einführen, was ihm aus eigener Kraft nicht zugänglich, aber für ihn lebensnotwendig ist."[15]

Ob es in tribalen Gesellschaften um den Übergang eines Pubertierenden zum Mann oder zur Frau geht oder in einem antiken Mysterienkult um die Einweihung in das Geheimnis einer Gottheit, es begleiten nach den Worten Arnold van Genneps solche Übergänge besondere „Zeremonien, deren Ziel identisch ist: Das Individuum aus einer genau definierten Situation in eine andere, ebenso genau definierte hinüberzuführen. Da das Ziel das gleiche ist, müssen auch die Mittel, es zu erreichen, zwangsläufig wenn nicht identisch, so doch analog sein."[16]

Van Gennep beobachtete auf mehreren Kontinenten, wie sich der Prozess einer Initiation in drei Phasen gliedert, die *Trennung* von bestehenden Bindungen, den *Übergang* oder die Schwelle und die *Eingliederung* in Beziehungen in einer neuen Rolle. Wie Mircea Eliade feststellte, vollzieht sich der dabei bewirkte Wandel der sozialen Rolle vor allem „in einer religiösen Erfahrung. Der Eingeweihte wird ein anderer Mensch, weil er eine religiöse Offenbarung über die Welt und das Dasein empfangen hat."[17] Nach Eliade entsprechen Trennung, Schwelle und Eingliederung aus religiöser Perspektive *Sterben*, *Tod* und *Wiedergeburt*.

Tribale Pubertätsriten, die einen Menschen zur Frau oder zum Mann werden lassen, beginnen mit dem *Sterben* des Initianden als kindliche Existenz. Van Gennep beobachtete, wie australische Stämme in der Trennungsphase den Kontakt pubertierender Jungen zu den Müttern abstellten, indem man sie räumlich absonderte. In der Gesellschaft galten die Abwesenden quasi als Verstorbene.

Im Süden Neuguineas erfuhren sich Novizen während der Schwellenphase als „Teil einer ritualisierten Inszenierung körperlichen Verfalls: nach physischen Mißhandlungen, die sie vollkommen erschöpften, wurden ihnen Augen, Lippen und Nasen mit Exkrementen und Sperma beschmiert. Dann wurden sie genötigt, so lange passiv liegenzubleiben, bis sich Maden auf ihren Gesichtern zeigten. Erst nach diesem Schreckenserlebnis, nachdem sie alle Geheimnisse menschlicher Existenz gelernt hatten, galten sie als erwachsene Männer."[18]

Bei tribalen Initiationen entspricht die Schwellenphase insofern dem *Tod,* als Novizen ihre Identität verlieren. Victor Turner charakterisierte diesen Übergang als *Liminalität*. Der Novize erlebt sich als Grenzgänger, der weder ist, wer er zuvor war, noch jener, der er werden soll. Sein Dasein steht während dieses Schwebezustands unter negativem Vorzeichen. Ohne Verwandtschaftsbeziehung und Eigentum, ohne die übliche Würde, frei von hierarchischem Rang und Statutssymbolen gibt es zwischen den Initianden keine individuellen Unterschiede. Mit allen Attributen verlor man die persönliche Identität. Dieser Teil des Initiationsprozesses ist eine Erfahrung des Nicht-Ich. Turner spricht von dieser Situation der Todesnähe, als einer „heiligen Armut."[19]

Während der Phase des Übergangs schließt der Initiand die Bekanntschaft mit dem Tod. Apuleius wurde oben mit den Worten zitiert: „Ich bin an die Grenze des Todes gekommen und habe die Schwelle der [göttlichen Königin der Unterwelt] Proserpina betreten." Ein früher christlicher Autor schrieb über die Initiation in den Kult des Mithras, es würden Initianden „nachdem ihnen die Hände mit Hühnerdarm gefesselt wurden, in Pfützen voller Wasser geworfen."[20] Stets wird der Einzuweihende in dieser Übergangsphase im Bruch ästhetischer und moralischer Tabus an die Grenzen dessen geführt, was er zu sein glaubte, und begegnet so dem Tod.

Vor diesem Hintergrund erlebt man die Rückkehr zur Welt mit neuem Selbstverständnis als eine *Wiedergeburt*. Der Prozess ist derselbe, ob er eine veränderte soziale Identität oder ein intensiviertes Bewusstsein im spirituellen Sinn anzielt. Soziale und religiöse Initiationen lassen sich kaum trennen, weil Übergänge in neue gesellschaftliche Rollen, wie Eliade zeigte, meist mit der Vermittlung religiöser Inhalte und Erfahrungen einhergehen. Andererseits wirken sich spirituelle Einweihungen, die das Selbstverständnis wandeln, auf die soziale Identität des Einzelnen aus.

Die Parallelität des Prozesses der Einweihung mit Sterben, Tod und Wiedergeburt zeigt sich auch darin, dass Rituale des Totenkults oft die gleiche Struktur wie Initiationen besitzen. Wie Manfred Kremser ausführte, beinhalten auch sie „Separation, Liminalität und Wiedereingliederung. Als erstes erfolgt die Loslösung der Seelen der Verstorbenen von ihren sozialen Rollen, die sie als Mitglieder in der Gemeinschaft der Lebenden innehatten." Dann treten „die Totengeister die Reise in ein unbekanntes Zwischenstadium" an. „Schließlich werden sie am Ende ihrer Reise in einem neuen Status als Ahnen wieder ins diesseitige wie auch ins jenseitige Leben eingegliedert."[21]

Auch nach Anagarika Govinda entsprechen die Mysterien des Lebens und des Todes einander: „In der Tatsache des Sterbens enthüllt sich das tiefste Mysterium des Lebens. Die Notwendigkeit des physischen Todes ergibt sich aus der Lebendigkeit des schöpferischen Geistes, dem keine Einzelform auf die Dauer Genüge sein kann. Nur wer begreift, daß Geburt und Tod zwei Seiten desselben Vorgangs sind, der sich in jedem Augenblick des Lebens vollzieht, so wie Ein - und Ausatmung, erkennt, daß Sterben nicht der Gegenpol zum Leben, sondern eine Grundfunktion des Lebens selber ist, die in keiner Weise von der des Geborenwerdens getrennt werden kann. Darum sagt schon Plutarch, daß im Augenblick des Todes die Seele das Gleiche erlebt wie die Eingeweihten der großen Mysterien. Denn die Eingeweihten gehen schon im Akte der Einweihung durch die Pforten des Todes und der Wiedergeburt und wissen um die untrennbare Einheit beider im Strome des Lebens."[22]

Govindas Perspektive

Govindas Erleben der Initiation speiste sich hauptsächlich aus drei Quellen, einem von der *deutschen Romantik* geprägten Verständnis der Mysterien, seine persönlichen Erfahrungen mit *tibetischen Mystikern* und einer Beschäftigung mit der *indischen Überlieferung des Tantra*.

Was die Romantik betrifft, prägte die Lektüre zweier Autoren Govindas Zugang. In den 1920er Jahren, als er auf Capri lebte, begann er eine intensive Lektüre der Werke des Novalis, dessen Denken ihn stark beeinflusste und dem er sich bis zu seinem Tod tief verbunden fühlte.[23] Den weiteren Schlüssel lieferten die Arbeiten des stark von der Romantik geprägten Ludwig Klages, dem diese Geistesströmung als „nichts zu Überwindendes, sondern ein zu Vertiefendes und zu Begründendes" galt.[24] Novalis wie Klages zog Govinda wiederholt heran, wenn er die Einwehung und ihr verwandte Themen behandelte.

Das Motiv der Initiation stand in der Romantik bereits in einer längeren Tradition neuzeitlicher Auseinandersetzung. Schon in der Renaissance kam es zur intensiven Beschäftigung mit antiken Mysterien, etwas bei Marsilio Ficino und Pico della Mirandola.[25] Für sie war vor allem die Kunst Trägerin des Mysteriums. Verborgene Botschaften bedeutender Werke bedurften nach dieser Idee einer Deutung durch Eingeweihte. In Govinda klangen solche Motive nach, indem er einen initiatorischen Auftrag der Kunst sah, in der es nicht darum gehen sollte, „die Natur nachzuahmen, sondern eine höhere Wirklichkeit derselben zu enthüllen," damit „die sichtbare Form zum Werte eines Symbols erhoben wird, das eine unmittelbare Lebenserfahrung zum Ausdruck bringt."[26]

Bis zur Frühromantik sah man, wie Jan Assmann schrieb, Ägypten „als das Land der Mysterien. In den Mysterien ging es um die Wahrheit, die immer nur verhüllt zu haben und doch in lebenslangem Streben zu erforschen war. Einigen wenigen wurde zuletzt eine mystische Schau zuteil. Am Anfang dieses Weges stand die Initiation, die man sich als eine schwere, schreckensvolle Prüfung vorstellte. Wenn der Initiand, wie es in der *Zauberflöte* heißt, ‚des Todes Schrecken überwinden kann,/ schwingt er sich aus der Erde himmelan./ Erleuchtet wird er dann im Stande sein,/ Sich den Mysterien der Isis ganz zu weihn.'"[27]

Novalis griff das Motiv des verschleierten Bildes der Isis auf, das sich im Tempel der Göttin in Saïs, einer Stadt im westlichen Delta des Nil befunden haben soll. Das Lüften des Schleiers der Isis in diesem Tempel war eine Metapher für die höchste Erkenntnis und zu Novalis' Zeit besonders durch Schillers Ballade *Das verschleierte Bild zu Sais* (1795) bekannt.[28] Schiller schien das Lüften des Schleiers und die Schau der Göttin, also das Verlangen nach höchster Erkenntnis, als gefährliche Anmaßung zu betrachten. Über das Schicksal dessen, der hinter den Schleier blickte, schrieb er:

„Nun, fragt ihr, und was zeigte sich ihm hier?
Ich weiß es nicht. Besinnungslos und bleich,
So fanden ihn am andern Tag die Priester
Am Fußgestell der Isis ausgestreckt.
Was er allda gesehen und erfahren,
Hat seine Zunge nie bekannt. Auf ewig
War seines Lebens Heiterkeit dahin,
Ihn riß ein tiefer Gram zum frühen Grabe."

Novalis nahm eine andere Wertung vor. Das Heben des Schleiers, die Initiation in die Mysterien, führt ihm zufolge tatsächlich zur höchsten wandelnden Erkenntnis. Im dritten Kapitel von *Die Lehrlinge zu Saïs* findet der Jüngling Hyacinth, der im Traum ins Allerheiligste der Isis gelangt und den Schleier des Götterbildes lüftet, darunter das von ihm geliebte Mädchen Rosenblüthchen. Das Wesen der Göttin oder der von ihr repräsentierten Wahrheit entspricht hier der menschlichen Geliebten.

An anderer Stelle deutet Novalis die Offenbarung der Isis als Selbsterkenntnis: „Einem gelang es, – er hob den Schleier der Göttin zu Saïs – Aber was sah er? Er sah – Wunder des Wunders, sich selbst."[29]

Dass einmal die geliebte Frau, dann aber das eigene Selbst geschaut wird, widersprach für Novalis einander nicht, weil für ihn ein Mann „durch die Liebe und die Geliebte auch sich selbst erst findet und die Geliebte im Grunde ein Teil seines Wesens, sein höheres Selbst ist."[30]

Der stark von Novalis Sicht geprägte Govinda sah in diesem Sinn in der Polarität und „Einswerdung" von Mann und Frau ein „Gesetz schöpferischer Vereinigung" repräsentiert, das sich auf verschiedenen Eben auswirkt und im Sinn der Initiation den Weg zum Sieg über den Tod ermöglicht: „Die Natur selbst hat uns den Schlüssel zur Unsterblichkeit gegeben, indem sie die Fortpflanzung des Lebens auf einen Akt der Hingabe gründete."[31]

Die zweite Quelle für Govindas Auffassung der Initiation waren Erfahrungen mit tibetischen Mystikern, die ihn einweihten. Der Gelugpa-Meister Ngawang Kalzang, Govindas erster und nach eigenem Verständnis wichtigster Lehrer, initiierte ihn zwischen 1931 und 1936 unter anderem in die Maṇḍalas des Maitreya und des Cakrasaṃvara.[32]

1947 empfing Govinda gemeinsam mit seiner Frau Einweihungen seines zweiten Lehrers Ajo Rinpoche, der zur Tradition der Drugpa Kagyu (*'brug pa bka' brgyud*) gehörte. Diese empfand Govinda auch als „religiöse Trauung", bei der Li Gotami zu seiner tantrischen Gefährtin (tib. *gSangyum*) wurde.[33]

Govinda hatte einen weiteren tibetischen Lehrer, den er Phiyang Lama nannte. Dieser gehörte den Überlieferungslinien der Sakya (*sa skya*) und Nyingma (*rnying ma*) an. Er erteilte ihm und Li Gotami zwei mit der Tradition des Padmasambhava zusammenhängende Initiationen.[34] Diese bilden wahrscheinlich die äußere Grundlage dessen, was Govinda im 5. Kapitel des vorliegenden Buchs als „inneres Geschehen einer Initiation" mitteilt.

Govindas dritte Quelle für ein Verständnis der Einweihung war die indische Überlieferung des buddhistischen Tantra. Der Tantra-Forscher Benoytosh Bhattacharyya (1897-1964), der früh Govindas 1933 gegründetem Ārya Maitreya Maṇḍala beigetreten waren, machte bereits in den 1920er Jahren indische Texte wie *Sādhanamālā* wieder zugänglich.[35] Im Lauf seines Lebens wurde Govinda zunehmend kritisch gegenüber einem Ritualismus, den er in der tibetischen Tradition wahrnahm, und betonte die Bedeutung von Quellen der Frühzeit des Tantra in Indien: Ein Lehrer muss „heute wieder auf die alten ursprünglichen Texte der *Sādhanas* (wie z. B. im *Sādhanamālā*) zurückgreifen. Denn es geht nicht darum, verständnislos Gebete herunterzurasseln bzw. hunderttausendfach mechanisch zu wiederholen: Dies führt im besten Fall zu einer Selbsthypnose, nicht aber zum Verständnis und zum lebendigen Erlebnis jener tieferen Wirklichkeit, die nichts mit frommen Sprüchen und Gefühlsausbrüchen zu tun hat."[36]

Einweihung und Individualität

Eine Initiation und die mit ihr vermittelte Praxis (*sādhana*) verstand Govinda im Sinn obigen Zitats als Tor zu „jener tieferen Wirklichkeit." Das von ihm gegründete Ārya Maitreya Maṇḍala sollte als neuzeitliche Mysterienschule Menschen verborgene Dimensionen ihrer Wirklichkeit erfahrbar machen und dabei die Bedeutung der Individualität würdigen. Was Govinda dabei im Hinblick auf die Einweihung anstrebte, erhellt ein Blick auf das, was Claude Lévi-Strauss als die Funktion der Initiation verstand.

Lévi-Strauss unterschied *kalte Kulturen*, die im Übergang vom Kind zum Erwachsenen bindend Initiationen vorsehen, von *heißen Kulturen*, die dem Einzelnen in der Adoleszenz die Suche nach seiner Identität erlauben. Kalte Kulturen behindern Lévi-Strauss zufolge individuellen und sozialen Wandel, indem sie Menschen fixierten Mustern unterwerfen. Sie umgehen ein jugendliches Reifen mit selbstständigem Bestimmen der eigenen Position, indem sie Kinder in eine exakt definierte Erwachsenenrolle initiieren.[37]

Entsprach bei den Marind der Mann nach seiner Weihe dem seit Generationen vorgegebenen Typus des Kriegers oder empfanden sich Europäer nach dem Initiationsritus der Firmung von Gott bestimmten Werten verpflichtet, hielt das die Gesellschaften in einer jeweils vorgezeichneten Bahn.

Heiße Kulturen lassen dagegen Heranwachsende ohne nötigende Instrumente der Initiation um ihre Stellung in der Welt ringen. Deshalb gärt es in der Gesellschaft, denn folgende Generationen lehnen sich gegen Sichtweisen und Bräuche vorangegangener auf und erproben neue Orientierungen. Die Bewegungsfreiheit bei der Suche und Standortbestimmung des Einzelnen verhindert zugleich den sozialen Stillstand.

Das gegenwärtige Europa wäre nach Lévi-Strauss als heiße Kultur zu betrachten, verblasste doch die Bedeutung einst verbindlicher christlicher Übergangsriten stark. Die zunehmend pluralistische Gesellschaft initiiert kaum mehr rituell in fixierte Weltanschauungen mit ihnen entsprechenden Männer- und Frauenbildern.

Dennoch besteht augenscheinlich bei vielen Menschen ein starkes Bedürfnis nach Initiation. Dies erweist ein wachsender Markt mit mannigfachen Angeboten zur Einweihung. Neoschamanen und Okkultisten, Freimaurer und Rosenkreuzer unterschiedlicher Richtung, indische Gurus und tibetische Lamas, magische Orden und christliche Esoteriker, Sufis, Kabbalisten, Neuheiden und viele weitere Gruppen und Personen offerieren heute Initiation. Das Spektrum erfundener und authentischer Traditionen, seien es ausgefallene Geschäftsideen oder selbstlose Einladungen zur Vermittlung alter Überlieferungen, weist auf ein weit verbreitetes Verlangen nach Einweihung.

Viele Menschen heißer Kulturen, denen man als Kinder nicht in einer dramatischen Inszenierung die Geheimnisse des Erwachsenseins enthüllte, wünschen sich offenbar, jemand lüftete für sie den Schleier eines Mysteriums.

Vor diesem Hintergrund besitzt Initiation neben der von Lévi-Strauss betonten normierenden Funktion, den Einzelnen den Regeln der Stabilität fordernden Gesellschaft anzupassen, eine existentielle Dimension. Auf diese wies Karl Kerényi hin, dem Initiation als „menschliches Urbedürfnis" galt, das „mit den natürlichen ‚Mysterien' des Lebenslaufes" in Verbindung steht: „Die Reifezeremonien für Jünglinge oder Mädchen, die im historischen Griechenland als Rudimente noch vorhanden waren, bilden Beispiele dafür. Griechisch heißt solch eine erreichte und rituell durch

Initiation bestätigte Stufe der Reife *telos*, ‚Erfüllung', ‚Vollkommenheit'. Dies bedeutet immer die Überwindung einer ‚Unvollkommenheit', des Zustandes der noch nicht Initiierten."[38]

Derart zeigt sich im Verlangen nach Initiation ein Wunsch, über das hinauszuwachsen, was man für sich und andere darstellt. In vielen historischen und tribalen Initiationen, denen man sich zwingend zu unterziehen hatte, bestimmten die Ansprüche der Gemeinschaft, was als Vollkommenheit und Reife galt. In heutigen pluralistischen Gesellschaften, die keine verbindlichen Rollenbilder menschlicher Vollkommenheit mehr vorschreiben, lassen sich jedoch initiatorische Traditionen und die heiße Kulturen auszeichnende Möglichkeit individueller Selbstfindung versöhnen.

Genau hierin bestand ein Anliegen Govindas, der forderte, dass „jedes menschliche Wesen seinen eigenen Weg finden muß. Denn würde es versuchen, den Weg eines anderen nachzuahmen, so könnte es seiner eigenen Natur nicht treu bleiben."[39] Genoss für ihn auf diese Weise die Individualität die höchste Bedeutung, bedarf diese auf der anderen Seite einer Relativierung, um in Bewegung zu bleiben. Der Einzelne soll Govinda zufolge eine „Auflösung, Erweiterung und Auflockerung" durchlaufen, „um nicht zu verhärten." Individualität „bedarf des Sterbens, der Wiedereinschmelzung und Verflüssigung, um sich vor dem seelischen Tode zu retten, dem Tode der Stagnierung, der Erstarrung und Trennung von der Ganzheit des Ursprungs."[40]

Diesen Prozess individueller Erfüllung (*telos*), der durch die Auflösung führt, fördert nach Govinda die Initiation. Neben den von ihm vermittelten Einweihungen in Praktiken (*sādhana*) tantrischer Meditation zeigt dies deutlich der Eintritt in das Ārya Maitreya Maṇḍala. Dabei handelt es sich um eine spirituelle Einweihung, der zudem ein sozialer Aspekt zukommt, indem sie mit der Aufnahme in den gleichnamigen von Govinda gestifteten Orden verbunden ist. An dieser Einweihung lässt sich die enge Verbindung von Initiation und Individualität im Verständnis Govindas zeigen.

Beim Ablauf sind strukturell die drei Phasen zu erkennen, die Arnold van Gennep als Trennung, Schwelle und Eingliederung und Eliade als Sterben, Tod und Wiedergeburt charakterisierte.

Die *Trennungsphase* beginnt in der Regel vor einem Kontakt mit dem Ārya Maitreya Maṇḍala und wird vom Einzelnen selber eingeleitet. Trennt man in kalten Kulturen den Initianden äußerlich von der Gemeinschaft, vollzieht sich diese Trennung in der heißen Kultur auf eine innerliche Weise. Der Betroffene mag ein Unbehagen angesichts des sicheren Todes oder Überdruss an dem empfinden, wer er ist und was er hat. Oft bleibt *die* Ursache der Unrast unklar. Ein Mangel an Sinn und Orientierung löst eine Suche aus, die den Menschen dem gesellschaftlichen Mainstream entfremdet. Ohne dass es seine Umgebung bemerken muss, stirbt er für sich als derjenige, der er zu sein glaubt.

Im Unterschied zu den tribalen Riten nötigte ihn keine Gemeinschaft zur Trennung. Diese erfolgt als persönliche Reaktion auf die Gesellschaft, unter deren Bedingungen er sich unwohl fühlt und die ihm keine Antworten auf existentielle Fragen gewährt. Für Menschen, die sich aus heißen Kulturen in die Trennungsphase begeben, war diese nicht von außen programmiert, sondern eine Konsequenz ihrer individuellen Entwicklung. Dabei ist bedeutend, dass die Trennung in keinen festgelegten Ablauf mündet. Wie diese Emanzipation von der Gesellschaft und ihren Werten ausgeht, bleibt zunächst offen.

Doch wird diese Form der Trennung nicht minder schmerzhaft sein als das Abschiednehmen von der vertrauten Welt der Kindheit bei tribalen Pubertätsriten. Weiß man in den definierten Strukturen letzterer zumindest unterschwellig, dass man in einer bereits durch Vorbilder bekannten und sozial geachteten Rolle wiedergeboren wird, begibt man sich in der heißen Kultur auf eine unsichere Reise, sobald man in der gewohnten Rolle stirbt, die man für sich und andere spielt.

Findet ein Mensch nach dieser Trennung zum Ārya Maitreya Maṇḍala, durchläuft er eine *Schwellenphase*, die als Kandidatur bezeichnet wird. Govinda sah dafür drei bis sieben Jahre vor, was er im Hinblick auf individuelle Bedingungen verlängern oder kürzen ließ. In dieser Zeit arbeitet der Kandidat mit einem als „guter Freund" (*kalyāṇamitra*) bezeichneten Initiierten. Dieser regt ihn zur Auseinandersetzung mit philosophischen und mythischen Motiven des tantrischen Buddhismus an und führt ihn in dessen Meditation ein.

In dieser Phase tritt der Kandidat in jene *Liminalität*, in der man nach Victor Turner forciert wird, über seine Gesellschaft, den Kosmos und die Kräfte zu reflektieren, die diese hervorbringen und erhalten.[41] Der Initiand experimentiert zur Ermittlung seines Standorts und Ziels mit den ihm vermittelten Inhalten und Praktiken. Diese sollen nicht von ihm gläubig angenommen werden und als verbindliche Regel dienen. Da Govinda davon ausgeht, jeder müsse seinen eigenen Weg finden, verstehen sich traditionelle Motive des Buddhismus und Tantra, die Initiierte des Ārya Maitreya Maṇḍala verbinden, vor allem als *Fragen* an das persönliche Leben. Jeder Einzelne findet seiner Individualität gemäße Antworten, die von denen anderer abweichen.

Klärte der Initiand, wie er sein Leben zielgerichtet gestalten möchte, mündet die Phase der Schwelle in jene der *Eingliederung*. Dies markiert der rituelle Akt der Initiation, in dem der Initiand auch das Gelöbnis eines Bodhisattva ablegt. Dessen Geist drückte Govinda so aus: „Was immer die höchste Vollkommenheit des menschlichen Geistes sein mag, möge ich sie zum Segen aller lebenden Wesen verwirklichen."[42] Dieser zunächst offene und abstrakte Inhalt wird individuell durch jene Ausrichtung konkretisiert, die der Kandidat während der Schwellenphase erkannte, durch sein individuelles Ziel der Vollkommenheit und ein diesem gemäßes Programm, wie er zum Segen anderer beiträgt.

Zu den weiteren Elementen des Initiationsritus zählt der *Abhiṣeka*, das *Besprengen* als Ausdruck der Neugeburt beim Eintritt in das Maṇḍala des Buddha Maitreya. Zugleich erfolgt dabei eine Wiedereingliederung im sozialen Sinn. Govinda verstand die Initiierten als „Bruderschaft des Herzens und des Geistes" und damit „als eine *Familie* (s. *kula*) mit ihren eigenen Traditionen, Eigenarten und Problemen. Wer sich der Familie des Ārya Maitreya Maṇḍala anschließen möchte, muss sich ihren Angehörigen nach Anagarika Govindas Wort ‚wahlverwandt' fühlen und von diesen als ebenso empfunden werden."[43]

Govindas Prozess der Initiation in das Ārya Maitreya Maṇḍala erscheint so als Versuch, einzelnen Empfänglichen in heißen Kulturen die spirituelle Neugeburt im äußeren Rahmen einer selbst gewählten sozialen Verwandtschaft zu ermöglichen. Dazu verband Govinda die archaische dreigliedrige Struktur der Initiation, die tribalen Gemeinschaften zum Vermitteln bindender Inhalte dient, mit der neuzeitlichen Idee individueller Freiheit.

Zum vorliegenden Text

Anagarika Govinda hat nur einen Teil seiner Werke zu Lebzeiten veröffentlicht. Unter den unpublizierten Manuskripten im Nachlass finden sich umfangreiche Buchprojekte zu verschiedenen Aspekten des Tantra, des Buddhismus, Themen der Kunst und zu philosophischen Fragen wie das Manuskript von 1939 *Dimensions of Consciousness. Religion and Science* und ein solches über die 84 Siddhas. Darüber hinaus hinterließ Govinda zahlreiche Studien, Drehbücher für Filme, Aufzeichnungen von seinen Reisen und zahlreiche weitere Materialien. Alles dies in einer kritischen Gesamtausgabe vorzulegen, erfordert erheblichen Aufwand. Bevor eine solche zugänglich sein wird, sollen einzelne Texte aus Govindas Nachlass herausgegeben werden.

An vielen der Texte, die nie in den Druck gelangten, hat Govinda über Jahrzehnte immer wieder gearbeitet. So widmete er sich manchen Arbeiten, die er in den 1930er und 1940er Jahren in Indien begann, vier Jahrzehnte später in Kalifornien wieder. Oft bestehen solche über längere Zeiten gewachsene Manuskripte aus Kombinationen hand- und maschinenschriftlicher Aufzeichnungen mit zahlreichen Ergänzungsblättern und Kopien, wobei deutsche und englische Teile einander abwechseln. Dies ist auch bei seinen vorliegenden Betrachtungen über die Initiation der Fall.

Hier wie in vielen anderen seiner Werke bediente sich Govinda über weite Strecken des Verfahrens, Abschnitte aus anderen veröffentlichten und unveröffentlichten Texten zum Teil stark paraphrasiert wie Bausteine in neue Sinnzusammenhänge zu stellen. Immer wieder kombinierte er auf diese Weise Altes mit Altem und Neuem. Oft übernahm er Bestandteile aus früheren Arbeiten wörtlich in ein entstehendes Werk. So finden sich in *Schöpferische Meditati-*

on und multidimensionles Bewusstsein (1977) Abschnitte des Buchs *Mandala* (1961), das seinerseits Übernahmen aus *Art and Meditation* (1936)[44] enthält.

Im hier herausgegebenen Text über Initiation gibt es offenbar keine wörtlichen Übernahmen aus bereits publizierten Werken, doch finden sich gelegentlich ähnliche Gedanken und Formulierungen, die Govinda zuvor in anderen Zusammenhängen veröffentlichte. Weil ein entsprechender Vergleich erlaubt, Govindas Ideen im breiteren Zusammenhang des Gesamtwerks zu sehen, wurde auf solche Parallelstellen hingewiesen, soweit diese aufzufinden waren. Ein Anspruch auf Vollständigkeit besteht dabei nicht. Die entsprechenden Passagen wurden durch Anmerkungsziffer jeweils nach dem ersten Satz kenntlich gemacht, wobei in den Anmerkungen folgende Abkürzungen verwendet wurden:

ARP	*Das Andachts-Ritual (Pūjā) des Ārya Maitreya Maṇḍala. Eine Darlegung seines Wesensgehaltes.* Almora ²1979
BDG	*Das Buch der Gespräche. Im Dialog mit einem großen Meister des Buddhismus.* Bern, München, Wien 1998
GTM	*Grundlagen Tibetischer Mystik.* Zürich, Stuttgart ²1966
LBA	*Lebendiger Buddhismus im Abendland. Vision und Vermächtnis des großen Mittlers zwischen Ost und West.* Bern, München, Wien 1986
MMB	*Mandala. Meditationsgedichte und Betrachtungen.* Zürich ²1961
PHP	*Die psychologische Haltung der frühbuddhistischen Philosophie und ihre systematische Darstllung nach der Tradition des Abhidhamma.* Zürich und Stuttgart 1962
SMB	*Schöpferische Meditation und multidimensionales Bewusstsein.* Freiburg im Breisgau 1977

WWW *Der Weg der weißen Wolken. Erlebnisse eines buddhistischen Pilgers in Tibet*. Zürich, Stuttgart 1969

Bei der Redaktion der Aufzeichnungen Govindas wurde die Terminologie vereinheitlicht. Zum Beispiel verwendete Govinda in den Texten für den spirituellen Schüler abwechselnd den in lebenden indischen Sprachen gebräuchlichen Begriff *Chela,* auch in der phonetischen Schreibweise *Tschela,* und das Sanskrit-Wort *Śiṣya.* Hier wie in anderen Fällen wurde durchgehend das Sanskrit verwendet, das der späte Govinda bevorzugte. Die deutsche Schreibweise Govindas wurde beim Redigieren der aktuell geltenden Rechtschreibung angepasst.

Lama Anagarika Govinda

Initiation

Vorbereitung • Praxis • Wirkung

1. Kapitel

Vom Sinn der Initiation

Zur Geschichte der Einweihungsriten

Initiationsrituale spielten seit vorgeschichtlichen Zeiten eine Schlüsselrolle im geistigen Leben der Menschheit.[1] Indem sie den Eingeweihten Kraft verliehen und Impulse vermittelten, öffneten sie ihnen zuvor unbekannte Zugänge zu höheren Erlebnisweisen. Heranwachsende wurden durch Riten der Initiation zu anerkannten, gleichwertigen Mitgliedern ihres Stammes oder Klans. Künftige Priester, Fürsten und Könige empfingen in besonderen Riten der Einweihung das Charisma ihres Amtes. Die Neophyten der Mysterienbünde des Altertums gewannen aus ihrer Initiation jene Energie, die ihnen erlaubte, den Gefahren des inneren Weges mit Vertrauen und Sicherheit zu begegnen.

Spuren solcher initiatorischen Traditionen finden sich bis auf den heutigen Tag in allen Kulturen. Bei so genannten ursprünglichen Völkern, die bedauerlicherweise vom Angesicht der Erde verschwinden, bilden rituelle Einweihungen nach wie vor einen selbstverständlichen Teil des sozialen Lebens. In den modernen säkularen Gesellschaften erhielten sich solche Riten oft in veräußerlichten Formen, wenn man für die Heranwachsenden religiöse oder weltliche Jugendweihen veranstaltet, oder sie erhielten sich in Nischen wie kirchlichen Priesterweihen und den geheimen Bräuchen von Zünften und Bünden.

Die buddhistische Tradition kannte rituelle Initiationen wahrscheinlich seit sehr früher Zeit. In der Pāli-Überlieferung vom Lebensende des Buddha Gautama, dem *Mahāparinibbānasutta,* sagt der Pilger Subhadra zu Ānanda: „*Lābhā vo, āvuso ānanda; suladdhaṃ vo, āvuso ānanda, ye ettha satthu sammukhā antevāsikābhisekena abhisittā.*"[2]

Richard Otto Franke übersetzte diese Stelle folgendermaßen: „Welcher Vorzug und welches Glück für euch, Freund Ānanda, daß ihr vom Meister selbst mit der Schülerweihe geweiht seid."[3] Richtig wies Franke darauf hin, dass *antevāsikābhisekena abhisittā* statt „mit der Schülerweihe geweiht" in wörtlicher Wiedergabe „mit der Schülerbesprengung besprengt" heißen müsste. Als alternative Möglichkeit der Übertragung gibt er „mit der Schüler-Taufe getauft" an.

Diese Besprenkelung oder Taufe mit Wasser wird im Sanskrit mit dem Wort *Abhiṣeka* bezeichnet. Häufig meint die klassische Literatur Indiens damit die Einsetzung eines Königs, die man durch Benetzung seines Scheitels mit geheiligtem Wasser vollzog, wobei die Würde und Macht des Königtums auf den so geweihten Menschen übertragen wurden.

Wohl wegen dieser Assoziation zur Königsweihe, die in der westlichen Tradition als *Salbung* eines Monarchen verstanden wurde, übersetzte Karl Eugen Neumann die entsprechende Stelle des *Mahāparinibbānasutta*: „Gesegnet bist du, Bruder Ānando, hochgesegnet bist du, Bruder Ānando, der du hier im Angesichte des Meisters mit gesalbter Nähe gesalbt bist!"[4]

Doch warum verwendete der Pilger Subhadra in diesem Text einen mit der Königsweihe assoziierten Begriff, um zu bezeichnen, dass Ānanda vom Buddha als Schüler akzeptiert wurde?

Ein König tritt aus der Reihe der gewöhnlichen Menschen heraus, um Verantwortung zu übernehmen und zu herrschen. Dieses Heraustreten aus dem alten Leben in eine höhere Funktion kommt einer Neugeburt gleich. Als eine neue Geburt in eine geistige Herrschaft wurde auch die Schülerschaft beim Buddha verstanden. Er nannte jene, die ihm nachfolgten, seine Töchter und Söhne „von echter Abstammung, aus dem Munde geboren, in der Lehre gezeugt."[5]

Die Rolle der Symbolik

Auf dieser Basis traten in der weiteren Entwicklung der buddhistischen Tradition Indiens, die sich im Mahāyāna fortsetzte, Frauen und Männer durch Abhiṣeka in die Nachfolge des Buddha. Wie die Weihe eines Königs diesen für sein Amt befähigte, sollte die Einweihung der Schülerinnen und Schüler ihnen die Energie verleihen, als Bodhisattvas nach Erleuchtung zu streben. Jeder war in seiner Sphäre zum Cakravartin berufen, zu einem die eigene innere Welt beherrschenden König.

Dass ausgerechnet die Besprengung mit Wasser zum äußeren Zeichen für das innere Geschehen der Erhebung zum König oder zum Bodhisattva wurde, weist auf eine tiefe Symbolik. Wasser befreit von den Beschmutzungen der Vergangenheit, man wird rein und erfrischt. Doch die rituelle Berührung mit Wasser oder das Eintauchen in dieses Element führt noch tiefer. Der Einzuweihende kehrt gewissermaßen zum Ursprung seines Wesens und seiner Welt zurück, in den Schoß der Mutter und zu den Urwassern, von denen der Buddha im *Aggaññasutta* spricht, wo es über den Anfang einer neu entstehenden Welt heißt: „Alles ist dann Wasser."[6]

Nach der rituellen Berührung mit dem flüssigen Element taucht er als Neugeborener mit der Krone des Königs, des Bodhisattva oder eines anderen Grades der Verwirklichung wieder hervor. Darum bezeichnete man in Indien als *Abhiṣeka-maṇḍapa* gleichermaßen eine Halle für rituelle Bäder wie die Krönungshalle.[7] Die Symbolik des Wassers, die in der Initiation zum Tragen kommt, umfasst weit mehr Facetten als diese.

Wasser steht auch für die elementaren Eigenschaften des Flüssigen und der Kohäsion, der Bindungskräfte die den Zusammenhalt der Partikel eines Stoffs gewährleisten.[8]

Darüber hinaus umfasst die Symbolik des Wassers die Assimilation, den Ausgleich und die Auflösung, die Vereinigung und Vereinheitlichung. Zudem deutet Wasser auf das Weibliche und Fruchtbare, auf das Farblose, das Reflektierende oder Spiegelnde sowie auf das Tiefe und Abgründige.

Wie Heinrich Zimmer bemerkte, musste „auch der Eingeweihte in den alten Isis- und Osiris-Mysterien durch das Wasser schreiten, mußte gleichsam durch die Todesbedrohung und -erfahrung hindurch, aus denen er wiedergeboren auftauchte als ‚Wissender', als ‚Begreifender', jenseits von Furcht und erlöst von aller Bindung an die vergängliche Ichpersönlichkeit. Das ist von jeher der Weg der Einweihung, der in den Mythologien und Volksdichtungen der Welt immer wieder bezeugt wird."[9]

Viele weitere Symbole kommen in Ritualen der Initiation zum Einsatz, um Impulse zur Wandlung zu vermitteln.

Die Quelle der Kraft

Mit der Entwicklung des Tantra wurden der Abhiṣeka und andere Mittel der Initiation zunehmend als Quelle einer Kraft erkannt, die zuvor verschlossene Tore zu einer geistigen Wandlung öffnet.[10] Durch Einweihungen gab man wesentliche Erfahrungen und kondensiertes Wissen von Generationen spiritueller Meister in inspirierenden Impulsen weiter.

Dabei kam es auf die Übertragung jenes Bewusstseins an, das jener, der einen Schüler initiiert, aus den Anstößen entwickelte, die er von seinen eigenen Lehrern empfing. Im Tibetischen spricht man sinngemäß von der ‚Übermittlung geistiger Macht' (*dbang bskur*), denn die Initiation bewirkt beim Empfangenden einen Antrieb, der zur Ausübung einer Praxis befugt und befähigt, deren Möglichkeiten einem zuvor verborgen waren.

Im Prozess der Initiation hat der Schüler am Grad der Verwirklichung seines Lehrers teil, was ihm einen Vorgeschmack darauf gewährt, was er selbst künftig erreichen kann. Diese Erfahrung schenkt ihm Begeisterung auf dem spirituellen Weg und die Gewissheit, dass ein hohes Ziel tatsächlich erreichbar ist.

Ein zuvor blinder Suchender sieht mit seiner Einweihung, wohin sein Weg führt und dass das Ziel der Mühe wert ist. Sein Vertrauen (*śraddhā*) wächst, weshalb ihn sein Üben (*sādhana*) mit tiefer Freude erfüllt.

Im Vollzug einer Einweihung erschließt sich damit eine neue Dimension des Bewusstseins, die durch die verwendete Symbolik, vermittelte Inhalte und weitergegebene Mantras eine dynamische Wandlung einleitet und vorantreibt. In den mit der Initiation übermittelten Mantras kristallisieren sich Erfahrungen einer über Jahrhunderte gehenden meditativen Praxis. Zudem erhalten die Mantras in jedem konkreten Fall eine individuelle emotionale Prägung, die den Eingeweihten mit dem Einweihenden verbindet.

Was den Einweihenden betrifft, kann nur jener wirksame Initiationsriten mit Kraftübertragung und Ermächtigung vollziehen, der diese Kräfte durch Jahre konsequenter Praxis in sich entwickelte. Was den Einzuweihenden angeht, wird ihm die durch Initiation vermittelte Kraft in dem Ausmaß zur wandelnden Energie, wie er sich ihr bewusst öffnet und sie in sich wirken lässt. Doch reicht es nicht aus, wenn ein ernsthaft suchender und zur Öffnung bereiter Mensch auf einen verwirklichten Meister trifft. Erst eine Affinität, eine von beiden Seiten intensiv empfundene innere Verbundenheit oder Wahlverwandtschaft ermöglicht eine wirksame Initiation.

2. Kapitel

Gewähren und Empfangen

Guru und Śiṣya

Bei einer Einweihung begegnen einander zwei wahlverwandte Menschen, ein Guru, der sie gewährt, und ein Śiṣya, der sie empfängt. *Guru* wird oft als ‚Lehrer' wiedergegeben, hat aber keine Entsprechung in europäischen Sprachen.[11] Während ein Lehrer Wissen vermittelt, gibt ein Guru sich selbst. Seine tiefsten Lehren sind keine Worte, sondern Unausgesprochenes, das die Macht der Sprache übersteigt.

Der Guru inspiriert im wahrsten Sinn des Wortes, indem er mit seinem lebendigen Geist den Śiṣya erfüllt. Er leistet genau das, wofür Henri Birven den treffenden Satz fand: „Nicht Lehren ist eines Eingeweihten Tun, sondern *Erwecken*!"[12]

Entsprechend bezeichnet das Wort Śiṣya keinen Schüler, der Kurse absolviert, um einen zu lernenden Stoff aufzunehmen. Kein äußerer Fluss weitergegebener Informationen verbindet ihn mit dem Guru, sondern es wirkt eine tiefe seelische Beziehung, die im Vollzug der Initiation durch eine direkte Übertragung geistiger Kraft entsteht. Sie verkörpert sich in einem mitgeteilten Mantra, das der Śiṣya stets in sich wachrufen kann, wodurch sein Kontakt mit dem Guru nie abreißt.

Die vom Guru übertragene geistige Kraft zwingt oder überwältigt das Bewusstsein des Śiṣya nicht. Vielmehr lässt der wahre Guru den geöffneten Menschen an seinem eigenen Erleben eines höheren Bewusstseins teilhaben. Der Śiṣya gewinnt dabei blitzartig einen Einblick in die Natur seines Ziels. So erfährt er die Sicherheit, keinem vagen Ideal zuzustreben, sondern jener in der Initiation unmittelbar erlebten Wirklichkeit. Damit ist die Einweihung nicht zuletzt ein Vorgriff auf das, was der Śiṣya künftig realisieren wird.

Die Fähigkeit, andere am Erleben eines höheren Bewusstseins teilhaben zu lassen, erschafft sich ein Guru durch Meditation. Sie wird durch jede Periode geistiger Sammlung weiter verstärkt, wie die gesammelte Energie des Wassers in einem gestauten Fluss. Ich durfte dies erleben, als ich mich vor meinem ersten Guru verneigte und er seine Hände segnend auf meinen Kopf legte.[13] Seine leichteste Berührung ließ unsagbare Freude durch meinen Körper strömen, die mich so erfüllte, dass alle Fragen aus meinem Geist verschwanden. Die bloße Anwesenheit eines solchen Menschen genügte, um Probleme aufzulösen, wie die Dunkelheit durch die Gegenwart des Lichts verschwindet.

Als der Guru mir im Ritual der Initiation ein erstes Mantra vermittelte, erkannte ich sofort *den* Mangel meines bisherigen spirituellen Lebens.[14] Ich erfuhr überzeugend und über jeden Zweifel erhaben eine geistige Kraft, die sich durch kein intellektuelles Argument zu rechtfertigen brauchte. Was hier geschah, ging nicht den Weg des Erklärens und einer Beweisführung durch Worte. Unmittelbar erfuhr ich eine Kraft, die mir vergewisserte, dass ich kein abstraktes Ziel anstrebte, sondern einem sicher erreichenbaren höheren Bewusstsein entgegenging. „Wir sind mit dem Unsichtbaren näher als mit dem Sichtbaren verbunden," schrieb Novalis.[15] Im Augenblick der Initiation kann diese Verbindung erlebbar werden.

Erfahrungen der Einweihung

Obwohl die Initiation Erfahrungen gewährt, die das Gegenteil abstrakter Gedanken darstellen, ist das Vermittelte so subtil, dass kein Schildern der Erlebnisse zureichend wäre. Man wäre in der Lage desjenigen, der den Eindruck eines großartigen Musikstücks, dem er lauschte, mit bloßen Worten vermitteln wollte. Jede Darstellung von Einzelheiten einer Einweihung, also das Präsentieren so genannter Fakten, würde das Wesentliche zerstören. Dieses besteht im emotionellen Geschehen, denn Emotion *bewegt*, - wie das lateinische Wort *emovere*, von dem man es ableitete, *herausbewegen* bedeutet.

Die Erfahrung der Initiation bewegt unseren Geist aus Verkrustungen und Erstarrungen heraus, in die wir ihn zwängten. So wird der Geist zugleich vertieft und zu höherem Leben erweckt, das erweiterte Fähigkeiten der Wahrnehmung einschließt. Ausgehend vom Impuls der Initiation mündet der Weg schließlich in der Erleuchtung, also der Verwirklichung dessen, was wir symbolhaft unsere Lichtnatur nennen. Diese innerste Natur des Menschen wird gleichermaßen durch ungehinderte Bewegung *und* durch höchste Ruhe charakterisiert, ein Paradox, das die Initiation im Erlebnis löst.

Bewegung ist die Natur des Bewusstseins wie jene des Lichts. Ein enges begriffliches Denken, dem Gier oder Haften zugrunde liegen, beschränkt die Bewegung des Geistes. Findet er wirkliche Ruhe, bedeutet das keinen Stillstand des Denkens. Vielmehr wird der Strom des Bewusstseins nicht mehr durch künstliche Begriffe und selbstisches Wollen gehemmt. Man unterbricht nicht länger den natürlichen Fluss, indem man die Bewegung des Geistes in isolierte Phasen zerlegt. Dabei entsagen wir nicht dem begrifflichen Denken, was gar nicht möglich wäre, doch verstricken wir uns nicht mehr in ihm.

Der Śiṣya, den die Initiation zu dieser Erfahrung führt, ist kein bloß begrifflich Denkender und Wahrnehmender mehr, sondern wird zum *Schauenden*. In diesem Sinn heißt es bei Ludwig Klages, „das Schauen *verwandle* den Schauenden, was offenbar den äußersten Gegensatz zum Wahrnehmungsakte anzeigt, der den Wahrnehmenden vom Wahrnehmungsdinge abhebt und ihn erst eigentlich vergewissert des begrenzten Fürsichseins."[16]

Die Einweihung erschüttert den Śiṣya in seinem bisherigen „begrenzten Fürsichsein" und lässt ihn an der erlebten Schau seines Guru teilhaben. Die dadurch erfahrene Wandlung schenkt dem Śiṣya eine geistige Wiedergeburt, ordnet sein Leben neu im Sinn eines Maṇḍala, wie es oft den rituellen Initiationen zugrunde liegt.

Wie einzelne Töne einer Melodie ihre Bedeutung in Verbindung zu vorherigen und folgenden Tönen erhalten, lässt sich kein Element einer Initiation aus dem Fluss ihres Erlebens lösen. Betrachtet man Einzelheiten isoliert, was bei theoretischen Beschreibungen in Worten zwangsläufig geschieht, wird ihr Sinn zerstört. In der Einweihung bildet wie in einer Symphonie jedes Detail einen Moment der organischen Bewegung, die ihren auf Beziehungen beruhenden Wert verliert, sobald man sie aufhält. Wer das, was er in der Einweihung erfuhr, in Begriffe fassen, konkret mitteilen und analysieren will, betrachtet leblose Teile und zerreißt das geistige Band, auf das es allein ankommt.

Das geistige Band

Das geistige Band, das durch meine erste und wichtigste Initiation zwischen meinem Guru und mir entstand, war mir eine unaufhörliche Quelle der Kraft und Inspiration.[17] Über seinen Tod hinaus erlebte ich die hilfreiche Gegenwart des Guru.

Dieses lebendige Band drückt das Sanskrit-Wort *Samaya* aus, das „Übereinkommen" bedeutet. Es bezeichnet die innere Beziehung zwischen Guru und Śiṣya, wobei es sich zugleich auf die Erfahrung bezieht, auf die sich die Verbindung der beiden gründet. Guru und Śiṣya stimmen in ihrer Ausrichtung durch die Initiation überein, während deren Vollzug sie „zusammen kamen" (*samaya*) und ein unbeschreibliches Erlebnis teilten, über das sie mit Uneingeweihten nie sprechen werden.

Der Begriff *dam tshig*, mit dem man *Samaya* ins Tibetische übersetzte, kommt in seiner tiefsten Bedeutung dem deutschen Wort *Hingabe* nahe. Die erste Silbe *dam* lässt sich als *fest* oder *befestigt* wiedergeben, was auf ein sicheres und enges Verbundensein im Sinn liebender Hingabe verweist. Das Wort *Samaya* oder *dam tshig* besitzt dabei wie das geistige Band, das es bezeichnet, Dimensionen, die über das Verhältnis von Guru und Śiṣya hinausgehen. Es umschreibt zudem die Beziehung des verehrenden Menschen zum Göttlichen, in welcher Form sich dieses auch offenbaren mag.

Samaya steht damit zugleich für das geistige Band, das der Eingeweihte zu dem im eigenen Herzen erlebten Buddha oder einer dort erfahrenen Gottheit in der Initiation gewahrte.[18] Die Hingabe an den Guru lässt sich nicht von jener trennen, die man dem entgegenbringt, das man als Höchstes erlebt und verehrt. Auf diese Weise führt das geistige Band wie ein Faden durch die gegenseitige Abhängigkeit und Kontinuität aller Dinge und Ereignisse, durch das Gewebe (*tantra*) von Mikrokosmos und Makrokosmos, Geist und Natur, Stofflichem und Geistigen.

Herbert V. Guenther charakterisierte in diesem Sinn das, was in höheren Stufen der von ihm Ermächtigungen genannten Initiation vermittelt wird, als das Erleben, wie es für den Einzelnen „niemals Isolation geben" kann, weil „alles Teil eines umfassenden Musters ist." Weiter führte er aus: „Diese tiefe innere Erfahrung ist der Guru, der wirksam ist; durch solche tiefreichenden Erfahrungen übt er seinen außergewöhnlichen Einfluss auf das Muster unseres spirituellen Wachstums aus. Denn im letztendlichen Sinn ist der Guru niemand anderer als der Buddha – nicht der historische Buddha, sondern die Buddhaschaft an sich." Wir versuchen, „unserer grundlegenden Natur näherzukommen, indem wir dem Guru näherkommen. In diesen Ermächtigungen befinden wir uns tatsächlich in Verbindung mit ihm. Wir stehen auch in Verbindung zu seiner geistigen Linie, zu jenen, die ihm in der direkten Weitergabe der Lehre vorangegangen sind und mit denen er in Verbindung bleibt."[19]

3. Kapitel

Voraussetzung der Einweihung

Akzeptieren des Mysteriums

Weil das geistige Band zwischen Guru und Śiṣya auf Hingabe gründet, erfordert jede Initiation, die wirksam und keine sinnleere Zeremonie sein soll, eine entsprechende Grundhaltung. Diese Hingabe gilt nicht allein dem Guru, dessen Einweihung erstrebt wird. Dem ganzen Gewebe des Daseins und damit allem, was ihm ins Bewusstsein tritt, will der Śiṣya mit liebendem Respekt begegnen.

Es bedarf darum der Ehrfurcht vor dem Mysterium des Bewusstseins. Dazu gehört, dass sich der Śiṣya über sein Dasein wundern kann und ihm nicht für alles rasch spitzfindige Auslegungen über die Lippen kommen. Geben ihm die Welt und das Leben keine tiefen Rätsel auf, weil er glaubt, mit seinem Verstand fände er letztendlich alles heraus, wird ihm eine Initiation nichts vermitteln. Denn was er erklärt, verliert an Weite, wird durch Worte umgrenzt und zum endlichen Objekt.[20] Objektivität ist aber der Gegensatz von Leben und Bewusstsein. Deren Wesen besteht in freier Bewegung, die sie in einem positiven Sinn unberechenbar werden lässt.

Ein fruchtbarer geistiger Weg gründet darum auf der Achtung des Mysteriums, das sich intensiv erleben lässt, dabei aber jeder Erklärung entzieht. Dieses Mysterium ist nicht verborgen, nur wie ein Meisterwerk der Kunst über alle Definitionen erhaben. Obwohl ein Kunstwerk vor unseren Sinnen stand, bleibt es im Tiefsten unerklärbar. Wer könnte für andere den Zauber eines erblickten Bildes oder einer gehörten Komposition durch bloßes Sprechen wiedergeben?

Im Respekt und Staunen erkennt der Śiṣya das ihn umgebende Mysterium. Dieses Gefühl vertieft sich immer weiter, indem sein Wissen wächst und seine Einsichten zunehmen. Der Śiṣya begreift: Je weniger er erkannte, umso sicherer waren seine Erklärungen. Doch mit jedem Lernen und Erfahren kommt er dem Unbegreiflichen näher. Dies hat nichts mit einem Opfern des Intellekts oder dem Aufgeben des Denkens zu tun. Denken ist kein Hindernis für das intensive Erleben des Mysteriums. Große Mystiker waren immer klare Denker. Nur darum erkannten sie überhaupt die Grenzen des Denkens und öffneten sich dem, was darüber hinausgeht.

So lebt der Śiṣya im Bewusstsein des Wunders. Er beraubt nicht das von ihm erfahrene Universum seiner Universalität, indem er diesem einen von ihm oder anderen erdachten Zweck unterstellt. Dasselbe gilt von Vorstellungen, die er vom Göttlichen hegt. Es würde aufhören, göttlich zu sein, sobald er es durch einen Zweck begrenzte, weil er ihm bestimmte Motive zuschreibt. Statt alles durch Erklärungen zu zerlegen, um es dann doch nur scheinbar zu verstehen, wird der Śiṣya „dem Gemeinen einen hohen Sinn, dem Gewöhnlichen ein geheimnisvolles Ansehn, dem Bekannten die Würde des Unbekannten, dem Endlichen einen unendlichen Schein" geben.[21]

Geheimnis des Ich

Ein großes Mysterium ist unser Bewusstsein. Wer glaubt, sich selber verstanden zu haben und erschöpfend erklären zu können, ist von der Ehrfurcht vor dem Unbegreiflichen weit entfernt. Richard Wilhelm hat einmal geschrieben: „Was ist das Ich? Es ist das größte Rätsel. Wir können es vergleichen mit einem in der Zeit nicht ausgedehnten, aber in der Zeit sich vorwärtsbewegenden lichten Punkt. Was es ist, lässt sich nicht erklären, sondern nur erleben.

Wir alle wissen, wie sich das Ich-Erleben von allem anderen Erleben unterscheidet."[22]

Jeder, der sich seines Ich-Erlebens bewusst wurde, bemerkt diesen gewaltigen Unterschied zu allem anderen Erleben und erfährt das Wunder der eigenen Individualität. Man kann sie als Mysterium akzeptieren oder ihre Reinheit mit nur erdachten Konzepten überfrachten. Solange die Individualität sich frei bewegen darf, um als ausgleichende Kraft eines Prozesses zu wirken, der Sinneseindrücke, Vorstellungen, Begriffe und Ideen assimiliert, trägt sie zur Harmonie bei.[23]

Sobald aber das in Indien als *ahaṃkāra* bezeichnete *Principium individuationis* seine ursprüngliche Funktion überschreitet und ein hypertrophisches Ichbewusstsein hervorbringt, konstruiert es die Vorstellung einer beharrlichen Ego-Entität, eines absoluten und bleibenden ewigen *Ich* im Gegensatz zur *Welt*. Wird so das innere Gleichgewicht zerstört, nimmt ein Mensch die Wirklichkeit verzerrt wahr. Diese Disharmonie bezeichnet der Buddhismus als Unwissenheit (*avidya*), die einen Menschen alles vom egozentrischen Standpunkt des eigenen Begehrens (*tṛṣṇā*) werten lässt. Der Idee eines konstanten Ich entspringt dann konsequent die Sehnsucht nach einer ewigen Welt unvergänglicher Freuden. Da es diese nicht gibt, folgen Enttäuschung, Leid und Verzweiflung.

Indem der Śiṣya das Wunder der Individualität akzeptiert, anerkennt er deren Beweglichkeit, wodurch er sich selbst nicht als beharrliches Ego empfindet. Er erfährt sein Ich als wandelbar und durchlässig für Impulse von außen. Dies zu vermitteln war nicht nur ein Anliegen der indischen Tradition des Tantra, sondern auchein solches der griechischen Mysterien, worauf Ludwig Klages hinweist: Der Eingeweihte war *Entheos*, also *erfüllt* von der Gottheit. Seine Erfahrungen wurden als *Eingebung, Inspiration* (= *Einhauchung*) und *Erleuchtung* bezeichnet, also als „etwas nicht vom Ich Erzeugtes, sondern wie von außen das Ich Überkommendes."

Entsprechend geht es in den Mysterien um eine Erschütterung und Öffnung des fixierten Ich: „Wann immer wir wollen oder denken, so sagen wir: *ich* denke, ich will, ich tue, und wir heben das Ich umso entschiedener hervor, je nachdrücklicher wir eben denken oder wollen. Wann aber wir großes fühlend erlebten, so scheint es uns blaß und marklos, zu sagen: ich fühlte das folgende; und es heißt statt dessen: *es* hat mich ergriffen, erschüttert, gepackt überwältigt, hingerissen! Was reißt uns hin? Das Leben! Und was wird hingerissen? Das Ich!"[24]

Um seine Individualität als großes mit dem echten Leben verbundenes Wunder zu erfahren, muss der Śiṣya also bereit sein, sich ergreifen und erschüttern zu lassen. Die dazu notwendige Hingabe und Offenheit erfordert nicht zuletzt eine gewisse Bescheidenheit.

Bescheidenheit

Wer die vorgefasste Idee eines permanenten Ich überwinden möchte, um als Individuum geistige Beweglichkeit zu finden, lässt sich bei der Suche nach Initiation nicht von egozentrischem Begehren (*tṛṣṇā*) leiten. Er lernt als wichtige Voraussetzung der Einweihung, im Bereich des Geistigen das Denken in Quantitäten aufzugeben und sich um Qualität zu sorgen.[25]

Wer möglichst viele Initiationen sammelt, glaubt an die Bedeutung der großen Zahl im spirituellen Leben. Doch was in der Welt materieller Geschäfte gilt, zählt hier nichts. Besser ist, die Früchte einer Initiation im Üben des in ihr vermittelten Sādhana zum Leitthema des Lebens zu machen, als im Meer eines unübersichtlichen Pensums zu versinken.

Man mag andere und sich mit einer stattlichen Liste von Lehrern beeindrucken, die als weit fortgeschritten gelten und einen in viele anspruchsvolle Praktiken einweihten. Doch besagen solche Aufzählung nicht mehr über die eigene Verwirklichung, als schöne Landkarten an der Wand verraten, ob ihr Besitzer tatsächlich die dargestellten Länder besuchte und dort Nennenswertes erlebte. Ein Mensch, der ein Stückchen karger Wüste mit wachem Interesse und offenen Augen durchquert, sieht mehr von der Welt als jener, der Landkarten sammelt.

Beim geistigen Weg kommt es ganz auf die Intensität des Erfahrens an. Wer nur *eine* Einweihung empfing, hat *jeden* Abhiṣeka erfahren, wenn er sich öffnete. *Eine* Sache mit Hingabe und weitem Geist zu beginnen *und* zu verfolgen, führt weiter als hundert Dinge, die man plante, ohne über die ersten Schritte hinauszugelangen. Der Geist muss längere Zeit bei *einer* Sache verweilen. Das widerstrebt ihm in seiner Unruhe, die ständig Neues aufnehmen will. Er gibt sich der Illusion hin, durch eine Vielfalt meditativer Methoden vorwärts zu kommen, obwohl er sich nur im Kreis dreht.

Wer erstmals Einweihung sucht, tut dies angemessen mit der Haltung, es ginge um seine einzige Initiation. Mit viel Liebe zum Detail widmet sich der würdige Śiṣya den vorbereitenden Praktiken. Die besten Aussichten hat jener, der sich dem in einer Weise stellt, als ginge es um alles. Tatsächlich ist dies so, denn niemand weiß, ob es eine zweite oder dritte Möglichkeit gibt. Im Angesicht des sicheren Todes, dem jeder zueilt, muss man sich *jetzt* öffnen, um befreiende Impulse aufzunehmen.

Auch dem, was als unbedeutende Kleinigkeit im Prozess der Vorbereitung erscheint, soll man seine ganze Aufmerksamkeit widmen. Wer die Einweihung eines Guru sucht, aber selber entscheiden will, welche der ihm gegebenen Aufgaben wesentlich und welche verzichtbar sind, besitzt keine angemessene Einstellung für eine Initiation. Warum wünscht er sich von einem Meister die Einweihung in ein Mysterium, wenn er selber die Bedingungen des Zugangs besser kennt? Hier ist wiederum Bescheidenheit unabdinglich.

Eine weitere Tatsache spricht für die Wichtigkeit, jede Vorleistung mit Liebe zum Detail auszuführen. Wenn man von erforderlichen „Vorbereitungen zur Initiation“ spricht, ist das eigentlich unrichtig. Denn *alles* was der Guru unternimmt, um sich in die Lage zu versetzen, die Initiation zu erteilen, ist ebenso deren unverzichtbares Element wie *alles*, was er im Vorfeld eines Abhiṣeka dem Śiṣya aufgibt und dieser darauf tut oder unterlässt. Keine Initiation beschränkt sich auf rituelle Handlungen des Guru in Gegenwart des Śiṣya. Diese sind Kristallisation und oft Höhepunkt eines Geschehens, das viel früher seinen Ausgang nahm, wobei jede Einzelheit von Bedeutung ist. Wer die Initiation lediglich als zeremoniellen Vorgang versteht, der auf zu glaubenden Inhalten beruht, verkennt das Wesen der Einweihung.

Initiation eines wirklichen Meisters ist jenseits aller Unterschiede von Glaubensformen: Es ist das Erwachen zu unserer eigenen inneren Wirklichkeit.

4. Kapitel

Die äußere Handlung der Einweihung

Was Begriffe übersteigt

Obwohl der rituelle Prozess der Initiation kein Geheimnis enthält, ist doch im Grunde nichts Wesentliches darüber mitteilbar.[26] Man muss selbst eingeweiht werden, um zu verstehen. Wer dennoch begreiflich machen wollte, was alle Begriffe übersteigt, zöge das erhabene geistige Band (*samaya*) auf die Ebene des Alltäglichen. Dabei geht sein Sinn verloren, ohne dass das Mitteilbare irgendwem hilfreich wäre. Jedes Zerreden trübt die Klarheit der Haltung und mindert die Spontaneität des Śiṣya. Zudem widerspricht Geschwätzigkeit jener Ehrfurcht, die der Schlüssel zum Tempel der Mysterien des Geistes ist.

Das Mysterium der Liebe zweier Menschen entfaltet sich am besten, wenn es den Augen der Menge entzogen bleibt und sie das Intime ihrer Beziehung nicht mit Dritten diskutieren. So vollzieht sich auch das Geheimnis der inneren Wandlung, wenn man seine Symbole und Inhalte vor der platten Neugierde anderer verbirgt.

Das Wissen über äußere Handlungen der Einweihung blieb in der buddhistischen Tradition schon lange nicht mehr der rein mündlichen Weitergabe vorenthalten. So besitzen wir ein im Sanskrit wahrscheinlich verlorenes *Abhiṣekasūtra*, das von Śrīmitra, der im 4. Jahrhundert in China wirkte, dort als *Guan ding jing*[27] übersetzt wurde. Hier wird in Einzelheiten der Ablauf einer tantrischen Initiation beschrieben. Auch finden sich in den zwölf Abteilungen dieses Werks zahlreiche Mantras, die dem Schutz der Lebenden und der Toten, dem Exorzismus und der Therapie, dem Orakel und dem Fortschreiten zur Erleuchtung dienen.

Doch richtet sich diese Schrift wie die anderen tantrischen Grundlagentexte, etwa das *Cakrasaṃvaratantra*, das *Hevajratantra* und das *Guhyasamājatantra*, einzig an schon Eingeweihte. Ihre Lektüre ersetzt keine Belehrung durch bereits Initiierte, schon gar keine Initiation und führt durch die symbolische und verschlüsselte Sprache den Unkundigen eher in die Irre, als dass sie ihm Anleitung bieten könnte. Die umfangreichste Sammlung von Mantras bleibt totes Papier, wenn sie nicht im Akt der Initiation ein Leben gewinnt.

Gaṇapati Śāstrī, der verdiente Sanskrit-Forscher aus Kerala, gab den Text des *Mañjuśrīmūlakalpa* heraus, in dessen erstem Band sich die Beschreibung einer Einweihung findet.[28] Hier wird auch die Übermittlung eines Mantra mit einem bis heute oft verwendeten Ritual geschildert: Der Guru, der im Text „guter Freund" (*kalyāṇamitra*) genannt wird, verbindet dem Śiṣya die Augen und führt ihn vor ein Maṇḍala, in dem Buddhas, Bodhisattva und Gottheiten dargestellt sind. Dort wirft der nichts sehende Śiṣya eine Blüte ins unbekannte Ziel. Das Mantra jener Gottheit, auf deren Platz sie fällt, wird ihm in der folgenden Initiation vom Guru übermittelt.

Wer durch die äußere Beschreibung von diesem Brauch erfährt, wird ihm nicht wirklich nahe kommen und wohl tausend vernünftige Einwände dagegen halten, dass es sich hier um etwas handeln könnte, das geistiges Wachstum fördert. Ist es nicht reiner Zufall, wohin die Blüte fiel? Doch der Initiierte weiß: „Menschen, die ihr Schicksal dem Geiste in sich überantwortet haben, stehen unter geistigem Gesetz. Sie sind mündig gesprochen von der Vormundschaft der Erde." Darum gilt: „Was ihnen im Äußeren noch zustößt, bekommt einen vorwärtstreibenden Sinn: Alles, was mit ihnen geschieht, geschieht so, daß es keinen Augenblick besser geschehen könnte."[29]

Das Siegel der Initiation

In der Regel überträgt der Guru dem Śiṣya im Vollzug der Initiation ein Mantra. Dieses gleicht einem Lied oder einem Gedicht, weil es der spontane Ausdruck eines unmittelbaren Erlebnisses ist.[30] Gute Lyrik, das unterscheidet sie von abstrakten Erklärungen, erzeugt in einem dafür Empfänglichen eine Erfahrung, die jener des Dichters ähnlich kommt. Ebenso erzeugt ein Mantra eine seinem Geist entsprechende Wirklichkeit in denen, die ihm im Akt der Einweihung geöffnet lauschen.

Ein authentischer Guru wird dem Śiṣya darum zugleich zum Priester und zum Dichter im Sinne von Novalis: „Dichter und Priester waren im Anfang eins, und nur spätere Zeiten haben sie getrennt. Der echte Dichter ist aber immer Priester, so wie der echte Priester immer Dichter geblieben."[31]

Poesie und Gesangs sind keine intellektuellen Sprachen, sondern wirken über die Bedeutung von Worten hinaus in Lauten, Rhythmen und Symbolen, die im Geist des Zuhörers Bilder erzeugen. Derart ist ein Mantra ursprünglich das Produkt einer tiefen Einsicht, das anderen zum Mittel wird, diese in sich neu zu erschaffen. So wird es zum „Werkzeug des Geistes", was *Mantra* im Sanskrit bedeutet.

Wie bei jedem Werkzeug kommt sein Wert erst zur Geltung, wenn es recht verwendet wird. Ohne Wissen über den korrekten Gebrauch, lässt es sich nicht sinnvoll einsetzen. Die Formel *NaCl* nützt niemandem ohne chemische Kenntnisse. Wie das Wiederholen von *NaCl* kein Kochsalz hervorbringt, bleibt die geistlose Rezitation eines Mantra zwecklos. Soll es wahrhaft wirken, muss der Śiṣya den Sinn des Mantra aus dessen weiten Hintergründen erschließen. Dieser *Sinn* erschöpft sich nicht in den fassbaren Wortbedeutungen. Er wird in der persönlichen Beziehung zur erlebbaren Geschichte des Mantra gefunden. Diese schließt religiöse und kulturelle Aspekte ebenso ein wie emotionale Dimensionen und subtile Andeutungen auf die Sphäre des Heiligen jenseits unserer begrenzten Sinneswahrnehmung und linearen Logik.

Als Siegel der Initiation kondensiert ein Mantra die Erfahrungen, die der Guru im Laufe seines langen Trainings gewann. Im Vollzug der Einweihung überträgt er dem Śiṣya mit dem Mantra etwas von seinem damit verbundenen Bewusstsein. Dies lässt sich auch als eine Übertragung geistiger Macht verstehen, die den Schüler befähigt, in der eingeschlagenen Richtung voranzuschreiten.

Durch das während der Initiation empfangene Mantra vermag der Śiṣya zu jeder Zeit die Gegenwart des Guru zu beschwören. Dieser wird ihm weit über die Begegnungen in Raum und Zeit hinaus zur Quelle der Inspiration, indem er ihm immer tiefere Dimensionen des von ihm übermittelten Mantras erschließt.

So wird das Mantra zunehmend zum Kunstwerk wie es Ludwig Klages verstand: „Man täusche sich nicht darüber: *entweder* ist die gewaltigste Dichtung und Kunst aller Zeiten blauer, nein grauer Dunst, *oder* sie ist das magische Mittel, uns *wirkliche Welten* aufzuschließen, zu denen wir aus unserem Kerker des Tatsachenglaubens *eigener* Kraft nicht mehr hinfänden."[32]

Äußeres zählt wenig

Um aus dem Mantra ein solches lebendiges Kunstwerk zu gestalten, ist die wahlverwandte Beziehung von Guru und Śiṣya wesentlich. Ob ihre konkrete Begegnung längere oder kürzere Zeit währt, entscheidend ist die Intensität des in der Initiation vermittelten

Impulses. Um diese zu erreichen, nimmt sich der Guru des Śiṣya individuell an, wie sich der Śiṣya dem Guru öffnet und dessen persönliche Eigenart als Vorbild schätzt, an dem er sich formt. Dieser Prozess ist nicht nur eine wünschenswerte Möglichkeit, sondern ein unumgänglicher äußerer wie innerer Bestandteil jeder Initiation.

Es gibt heute Lamas und Yogis, die durch die Welt reisen, und hunderte oder tausende Menschen zu aufwändigen Ritualen der Initiation versammeln. Manche dieser Lehrer verlangen gar keine Vorbereitung und akzeptieren jeden, der eine Gebühr entrichtet und zur Steigerung der Anhängerzahlen beiträgt. Andere folgen starr festgelegten Mustern und fordern genau bestimmte Kontingente von mehreren zehntausend vollzogenen Niederwerfungen und hunderttausenden wiederholten Mantras als Voraussetzung einer Einweihung.

Weder der Verzicht auf Vorbereitung noch ein fixierter Katalog mit Erfordernissen wird dem Wesen der Initiation gerecht. Der Guru muss sich mit jedem Śiṣya individuell beschäftigen, damit er um dessen Kenntnisse und Missverständnisse, Stärken und Schwächen weiß. Er wird sich mit jedem, den er einweiht persönlich auseinandersetzen und auf den Einzelnen abgestimmte Bedingungen stellen. Wo dies nicht der Fall ist, mangelt es bereits an einer grundlegenden Voraussetzung für wirksame Einweihungen.

Ein künftiger Śiṣya mit angemessener Bescheidenheit unterliegt nicht der Versuchung, die Initiation eines berühmten Meisters anzustreben, der ihn in der Masse aller, die seine Schüler sein wollen, gar nicht wahrnimmt. Dem Indienreisenden Hans-Hasso von Veltheim-Ostrau ist in seiner Beobachtung zuzustimmen, dass kein authentischer geistiger Lehrer „irgendwelchen Wert auf Propaganda und auf eine möglichst große Zahl von Schülern und Anhängern legt. Nur das Gegenteil habe ich erlebt, daß nämlich für die weitere Ausbildung nur die fähigsten und besten" Kandidaten akzeptiert wurden.[33]

Die Nähe zu einem Lehrer, in dessen leuchtendem Namen sich viele sonnen, bietet ebenso wenig Gewähr für eine wirksame Einweihung, wie alle als spektakulär gerühmten Rituale, die weltweit ungezählte Menschen anlocken. Es gibt bei einer echten Initiation zwar nichts, was man als unwichtige Äußerlichkeit abtun könnte. Doch findet sich manches als „Initiation" Bezeichnete, hinter dessen äußerer schillernder Fassade man umsonst das suchen würde, worum es wirklich geht, - das lebendige Fließen eines inspirierenden Impulses von einem Menschen zu einem anderen.

Nicht auf die sichtbaren materiellen Vorgänge kommt es bei der Einweihung an, sondern einzig auf deren inneres Geschehen, also um unsagbare und nur im Symbol anzudeutende Wirklichkeiten.

5. Kapitel

Das innere Geschehen einer Initiation

Symbolische Sprache

Obwohl es wiederholbare Riten zur Initiation als äußere Handlungen gibt, sind echte Einweihungen nicht an bestimmte Formen gebunden. Vieles kann zum Träger oder Mittel des initiatorischen Impulses werden. Von Nāropā, einem indischen Siddha des 11. Jahrhunderts, der uns in der Literatur auch als Naḍapāda oder Nāropadā begegnet, wird berichtet, sein Lehrer Tilopa hätte ihm eine Einweihung erteilt, indem er ihm mit einer Sandale auf den Kopf schlug. Schuhe gehören sicher nicht zu den klassischen Instrumenten der tantrischen Initiation, doch können sie wie fast alles zu solchen werden.

Sogar ohne jedes äußere Symbol kann sich Einweihung vollziehen, denn die bloße Gegenwart von Guru und Śiṣya genügen. Alexandra David-Neel berichtete von tibetischen Mystikern, die „völlig wortlose und daher sehr eindrucksvolle Initiationen“ erteilen. „Stundenlang sitzen Meister und Schüler unbeweglich gegenüber, in schweigsames Meditieren versunken, das hier mündliche Unterweisung ersetzt.

Die Meister beabsichtigen nicht, dem Schüler irgendwelche Lehren beizubringen; sie wollen ihm nicht einmal Themen zum Nachdenken suggerieren; sie wollen vielmehr die Fähigkeit in ihm wecken und entwickeln, mit den zu erfassenden Objekten in direkte Berührung zu treten und in diesen Objekten mehr als nur die bloße äußere Hülle zu erkennen, auf deren Wahrnehmung sich die meisten Menschen beschränken.“[34]

Es geht also nicht um formale Vollzüge mit festgelegten Hilfsmitteln, sondern um den geistigen Gehalt dessen, was die Initiation vermitteln soll. Ein solches inneres Geschehen kommt in symbolischer Sprache im Bericht über die Einweihung des Padmasambhava durch eine Ḍākinī zum Ausdruck, der sich in dem Werk *Padma bka'i thang yig* findet. Vor einer Erläuterung des Sinns gebe ich die entsprechenden Passagen aus der Yeshe Tsogyal zugeschriebenen Biographie des bedeutenden Mystikers hier in freier Übersetzung wieder:[35]

Initiation der Ḍākinī

„Padmasambhava wünschte Belehrungen von einer eingeweihten Ḍākinī.[36] Diese wohnte in einem Garten mit Sandelbäumen inmitten einer Leichenverbrennungsstätte in einem Schloss aus Totenschädeln. Als er vor das Tor des Palastes trat, fand er es verriegelt. Doch bald kam eine Dienerin, um Wasser hineinzubringen. Padmasambhava trat in die Versenkung ein und brachte mit der Kraft des verwirklichten Yogi die Wasserträgerin zum Stillstand. Diese ergriff darauf ein Messer aus Kristall, mit dem sie ihre Brust öffnete. Im oberen Teil der Brust wurden zweiundvierzig friedvolle Gottheiten sichtbar, im unteren Teil achtundfünfzig zornvolle Gottheiten.

Dann sprach die Dienerin zu Padmasambhava: ‚Wie ich merke, bist du ein herausragender Yogi mit besonderer Kraft. Schaue mich an! Vertraust du mir nicht?' Padmasambhava verbeugte sich vor ihr, entschuldigte sich und bat um die erstrebten Unterweisungen. Sie gab ihm zur Antwort: ‚Ich bin nur die Dienerin. Tritt ein!'

Im Palast erblickte Padmasambhava die Ḍākinī, die auf einem Thron aus Sonne und Mond saß. In einer Hand hielt sie eine stundenglasförmige Trommel (*ḍamaru*), in der anderen Hand eine

Schale aus einer Schädeldecke (*kapāla*). Zweiunddreißig Ḍākinīs umgaben sie und opferten ihr.

Padmasambhava verehrte die Ḍākinī auf dem Thron, bot ihr Gaben dar und bat sie um ihre offenen und geheimen Lehren. Plötzlich erschienen die einhundert fried- und zornvollen Gottheiten über ihm. Die Ḍākinī sprach: ‚Erschaue die Gottheiten und erbitte die Einweihung.' Padmasambhava antwortete: ‚Wie alle Buddhas aller Weltzeitalter ihre Gurus hatten, bitte ich dich, mich als deinen Schüler zu akzeptieren.'

Die Ḍākinī sog jede der Gottheiten in ihren Leib und verwandelte Padmasambhava in die Silbe *Hūṃ*. Als dieses *Hūṃ* auf ihren Lippen lag, erteilte sie ihm die Initiation des Buddha Amitābha. Sodann schluckte sie das *Hūṃ* und ließ Padmasambhava in ihrem Leib die geheime Initiation des Avalokiteśvara empfangen. Als die Silbe *Hūṃ* zum Ort der Kuṇḍalinī kam, gewährte die Ḍākinī ihm die Initiation von Körper, Rede und Geist, wodurch er von allem Unreinen und jedem Makel frei wurde. Im Verborgenen erteilte sie ihm die Einweihung des Hayagrīva, die ihm Gewalt über alle üblen Geister verlieh."

Eine symbolhaft geschilderte Initiation wie diese besitzt viele Dimensionen mit jeweils unterschiedlichen Bedeutungsebenen. Darum kann sie durch keine Erklärung vollständig erschöpft werden. Dennoch soll angedeutet werden, wie sich ein solcher Text auf einer ersten Stufe lesen lässt.

Padmasambhava begehrt die Einweihung durch eine Ḍākinī, eine weibliche Gottheit der Initiation, die rein geistig oder menschlich verkörpert erscheinen kann. Ḍākinīs, die sich in hexenhafter oder verführerischer Gestalt zeigen, bewohnen Orte, die dem gewöhnlichen Menschen unheimlich sind, aber dem Yogi als heilige Plätze gelten. Im vorliegenden Bericht der Yeshe Tsogyal ist es eine Stätte des Todes.

Die Sandelbäume auf diesem Grundstück, das eigentlich der Verbrennung von Leichen dient, repräsentiert das Erlebnis des Saṃsāra, der Welt leidhafter Vergänglichkeit.[37] Der Uneingeweihte wähnt sich hier in einem schönen Garten am sicheren Ort, befindet sich jedoch tatsächlich inmitten von Verfall und Tod, die er aus seinem Bewusstsein fernhält. Der Eingeweihte, der sich mit dem Tod konfrontierte und ihn besiegte, der also nicht mehr zwischen dem Saṃsāra und der Unsterblichkeit des Nirvāṇa unterscheidet, kann diesen Ort wahrhaft als schön und sicher empfinden.

Diesen Unterschied im Erleben des Uneingeweihten und des Eingeweihten und die Rolle, welche die Ḍākinī im durch Initiation ausgelösten Wandel spielt, können Novalis' Worte verdeutlichen: „Es liegt nur an der Schwäche unserer Organe und der Selbstberührung, dass wir uns nicht in einer Feenwelt erblicken. Alle Märchen sind nur Träume von jener heimatlichen Welt, die überall und nirgends ist. Die höhern Mächte in uns, die einst als Genien unsern Willen vollbringen werden, sind jetzt Musen, die uns auf dieser mühseligen Laufbahn mit süßen Erinnerungen erquicken."[38]

In diesem Sinn vermittelte mir mein Guru Tomo Geshe, bevor er mich einweihte, „daß wir genau in *der* Welt leben, die wir verdienen," denn sie ist „im letzten Sinn unsere eigene Schöpfung." Es ist der in der Initiation empfangene „Impuls zur Vervollkommnung, der uns nicht nur einer besseren Welt würdig, sondern zu Mitwirkenden und Teilhabern an ihrer Schöpfung macht."[39]

Verwandlung der Welt

Wenn wir uns in einem Jammertal erleben, liegt es an uns, dieses in eine Feenwelt zu verwandeln. Wir müssen dafür einer Ḍākinī in die Augen sehen. Mit ihrer schrecklichen Form lässt sie uns die Wirklichkeit des Todes und der Nichtdauer erblicken, um uns dahinter in ihrer lieblichen Gestalt als Muse die Todlosigkeit und viele Möglichkeiten der Wandlung zu entschleiern.

Padmasambhava erfuhr vor seiner Einweihung die Welt als Saṃsāra, weshalb er der Begegnung mit dem Tod bedarf, den er als Tor zur Neuwerdung begreifen muss. Darum sieht er, wie der Palast der Ḍākinī aus menschlichen Schädeln besteht. Diese zeigen ihm, wie sein Leib die Erbschaft von Millionen vormaliger Lebensformen ist, die Materialisierung früherer Gedanken und Taten, also das geronnene Wirken (*karma*) der Vergangenheit. Das Schloss der Ḍākinī wird so zum Sinnbild des Körpers des Mystikers.

Dass Padmasambhava vor einem verriegelten Tor steht, lässt erkennen, wie er sich selbst ein Rätsel ist. Dass man sich selbst als das, was man ist, in Frage stellt, ist eine wesentliche Voraussetzung für die Initiation. Padmasambhava fehlt der Schlüssel zum Wesen seines Körpers. Weil ihm dessen wahre Natur bislang verborgen bleib, braucht er die Einweihung durch die Ḍākinī.

Das Wasser, das die Dienerin trägt, lässt sich als Symbol der Lebenskraft (*prāṇā*) verstehen, die regelmäßig dem Palast des Körpers zugeführt werden muss. Als Träger dieser Kraft dient der Atem, was das Aufhalten der Wasserträgerin durch Padmasambhava verständlich macht. Er unterbricht das normale Strömen dieser Kraft mit der Macht seiner Konzentration, indem er es durch Atembeherrschung (*prāṇāyāma*) kontrolliert. Entsprechend heißt es, dass die Dienerin durch das yogische Vermögen des Padmasambhava aufgehalten wird.

Zwar lässt sich die Erkenntnis im höchsten Sinn nicht durch Gewalt, Zwang und Kontrolle herbeiführen, doch gewinnt Padmasambhava durch das Anhalten der Magd eine erste Einsicht in die wahre Natur der Körperlichkeit. Dies bedeutet auch, dass eine wirksame Einweihung ohne vorherige Vorleistung nicht möglich ist.

Die durch Padmasambhava aufgehaltene Dienerin öffnet ihre Brust mit dem kristallen Messer, das für den scharfen und tief dringenden analytischen Klarblick steht. Die offene Brust bedeutet ein Enthüllen der verborgenen inneren Natur des Körpers, in dem Padmasambhava die Maṇḍalas der friedvollen und Furcht einflößenden göttlichen Gestalten erschaut. So erkennt er, wie der Leib trotz seiner Nichtdauer ein Tempel höchster Kräfte ist.

Er verneigt sich vor der Dienerin, die sich durch ihre Offenbarung selbst als eine Ḍākinī erwies, und bittet sie um Belehrung, worauf sie ihn in den Palast einlässt. Es sind also die Hingabe und die Offenheit, die das Tor zur Einsicht aufschließen, in diesem Fall zu den tiefsten Geheimnissen des Körpers und der in ihm wirkenden wunderbaren Kräfte.

Padmasambhava erblickt nun die im Palast herrschende Ḍākinī als Gestalt der Vajrayoginī auf dem Thron aus Sonne und Mond. Diese beiden Himmelskörper des Tages und der Nacht symbolisieren das Prinzip der Polarität, das die einweihende Ḍākinī durchschaut, beherrscht und letztlich verkörpert. In ihrer Initiation lässt sie auch dieses Prinzip bewusst werden und erschüttert damit die gewöhnliche Geistestätigkeit.

Das normale abstrakte Denken unseres Intellekts versucht die Polarität, auf der die Welt fußt, zu negieren und zugunsten der abstrakten Einheit eines begrifflichen Monismus aufzugeben.[40] Dieser ist auch im übertragenen Sinn des Wortes ebenso *flach* wie das Bild eines dreidimensionalen Objekts, das nur von einem Punkt aus wahrgenommen wird.

Dass wir mit zwei Augen sehen und mit zwei Ohren hören, weist auf die Notwendigkeit, denselben Gegenstand von verschiedenen Standorten zu erfassen. Nur so entsteht für uns jene Tiefendimension, die wir Körperlichkeit nennen und zu der das Element der Dauer, also der Ausdehnung in der Zeit kommen muss, damit eine Gestalt für uns Wirklichkeit besitzt.

So gehört das Bewusstsein der Polarität des Männlichen und Weiblichen, des Himmels und der Erde, des Lichts und der Dunkelheit, des Aktiven und des Passiven mit der ihr innewohnenden Ganzheit zum Wesen der Einweihung.[41] Der Ḍamaru in der rechten Hand der Ḍākinī versinnbildlicht den ewigen Rhythmus des Universums und des das All durchdringenden transzendenten Lautes der höchsten Wirklichkeit.[42] Darauf spielte der Buddha nach seiner Erleuchtung mit den Worten an, er würde die „Trommel der Unsterblichkeit" in der Welt ertönen lassen.[43]

Der Ton des Ḍamaru der Ḍākinī wird in allen Himmelsrichtungen hörbar und drückt in seinem Rhythmus den Pulsschlag alles Lebens aus.[44] Ebenso durchdringt der Dharma als universelles Gesetz den gesamten Kosmos und weckt im Akt der Initiation die schlummernden Kräfte des Geistes. Dieses Erwecken entspricht dem Bewusstwerden des universellen Gesetzes in uns. Seine Erkenntnis befreit uns aus der Knechtschaft blinder Schicksalsmächte und macht uns zu souveränen Mitspielern eines kosmisch-geistigen Geschehens.

In der Linken hält die Ḍākinī eine mit Blut gefüllte Schädelschale.[45] Blut symbolisiert die rote solare Energie, die zur Bewusstheit führt. Für die in ihrem Ego befangenen Menschen wird diese Energie zum Gift der Sterblichkeit, während sie dem, der durch die Initiation seine Beschränkungen übersteigt, die befreiende Erkenntnis gewährt.

Bei Novalis lesen wir: „Wer weiß, welches erhabene Symbol das Blut ist? Gerade das Widrige der organischen Bestandteile läßt auf etwas sehr Erhabenes in ihnen schließen. Wir schaudern vor ihnen, wie vor Gespenstern und ahnden mit kindlichem Grausen in diesem sonderbaren Gemisch eine geheimnisvolle Welt."[46]

Wenn es im Bericht von Padmasambhavas Initiation weiter heißt, dass zweiunddreißig dienende Ḍākinīs ihre thronende Herrin umgeben, spielt diese Zahl auf die zweiunddreißig Kennzeichen physischer Vollendung an, die traditionell dem Körper eines Buddha zugeschrieben werden.[47] Die Ḍākinī erscheint damit als polare weibliche Entsprechung zu den männlichen Buddhas. Entsprechend symbolisiert der ekstatische Tanz der von Blut trinkenden Ḍākinīs umarmten Gottheiten den Weg zur Ganzheit.[48] Dieser besteht im Sprung über die Kluft der Gegensätze, etwa über den Spalt, der zwischen unserem intellektuellen Oberflächenbewusstsein und dem intuitiven, überpersönlichen Tiefenbewusstsein gähnt.

Vollkommene Transformation

Als Padmasambhava die Ḍākinī um Belehrung bittet, erscheinen die Maṇḍalas der friedvollen und der Furcht einflößenden Gottheiten in voller Wirklichkeit im Raum über ihnen.[49] Doch im Augenblick der Initiation verschmelzen sie mit der Ḍākinī, die sich dadurch als Verkörperung der Weisheit aller Gottheiten und Buddhas offenbart. Aus diesem Grund wird sie als „Ḍākinī aller Buddhas" (*sarvabuddhaḍākinī*) bezeichnet. Wie der *Genius* der alten römischen Religion als der persönliche Schutzgeist eines Menschen zugleich dessen Individualität ausdrückte und ihm Inspiration schenkte oder nach Sokrates das Daimonion ihn als innere Stimme leitete,[50] verkörpert die Ḍākinī den inspirierenden initiatorischen Impuls, der uns zur Verwirklichung höchster Erkenntnis treibt.

Der in die Silbe *Hūṃ* verwandelte Padmasambhava wird eins mit dem Objekt seiner Hingabe, indem er in den Leib der Ḍākinī eingeht. Mit anderen Worten: Wer sich vollkommen mit dem Geist eines Mantra als der Pfeilspitze seiner Meditation identifiziert, hier dem *Hūṃ*, verschmilzt mit der inspirierenden Kraft, die alle Bodhisattvas zur höchsten Verwirklichung als Buddha ermutigt. Hierdurch verwandeln sich die im Körper angesiedelten Bewusstseinszentren, die Cakras, in Gefäße der Erleuchtung. In Yeshe Tsogyals Bericht von Padmasambhavas Initiation werden drei Zentren angesprochen. Was sich dabei im Leib der Ḍākinī abspielt, vollzieht sich gleichermaßen im mit ihr vereinten Mystiker.

Zuerst befindet sich die Silbe *Hūṃ*, also Padmasambhava, auf den Lippen der Ḍākinī, die mit dem Kehlzentrum (*viśuddhacakra*) in Beziehung steht. Hier wird in dieser Initiation Amitābha wachgerufen, der Buddha des „unendlichen Lichts", der die Weisheit unterscheidender Klarschau gewährt.

Sodann wird im Nabelzentrum (*manipūracakra*) die geheime Einweihung des Avalokiteśvara erteilt. Dieser von Amitābha emanierte friedvolle Bodhisattva höchsten Mitempfindens verwandelt das Gift des Todes in das Elixier des Lebens.[51] Er steigt mutig in die Tiefen der Unterwelt hinab, wo er den Totengott Yama, den

Richter der Verstorbenen, besiegt und dessen schreckliche Gestalt annimmt. So macht er das Endliche zum Gefäß des Unendlichen, den Tod zum Träger der Unsterblichkeit.

Sodann erfolgt im Wurzelzentrum (*mūlādhāracakra*), in dem die schöpferischen Kräfte des Leibes in geistige Potenzen umgewandelt werden, die vollständige Regeneration des Körpers, der Rede und des Geistes. So erfährt die Gestalt des Padmasambhava durch diese Initiation eine vollkommene Transformation, die ihm auch eine neue Macht verleiht. Diese kommt zum Ausdruck, wenn es im Bericht heißt: „Im Verborgenen erteilte sie ihm die Einweihung des Hayagrīva, die ihm Gewalt über alle üblen Geister verlieh."

6. **Kapitel**

Das Bewahren der Tradition

Behutsame Weitergabe

In der Schrift *Caturaśītisidhhapravṛtti* einem wahrscheinlich aus dem 12. Jahrhundert stammenden Werk des Abhayadatta, findet sich eine aufschlussreiche Begebenheit: Ein Hirtenjunge, der spätere große Siddha Gorakṣa, erhielt von seinem Lehrer Aciṅta, als sich bedeutende Erfolge auf seinem Weg zeigten, den Rat: „Verlasse diese Welt nicht, bevor du nicht hundert mal hundert Wesen zur Erleuchtung führtest."

Daraufhin erteilte Gorakṣa unterschiedslos jedem eine Initiation, der zu ihm kam. Ein anderer Siddha tadelte ihn: „Du solltest nicht alle einweihen, die den Weg zu dir finden. Es ist nicht angemessen jene zu belehren, denen es an Einsicht oder Vertrauen mangelt. Gewähre Einweihungen nur, wenn auf die rechte Weise nachgesucht wird."

Nachdem Gorakṣa dies berücksichtigte, nahm seine Verwirklichung noch zu. Wie Abhayadatta weiter berichtet, können auch nach Jahrhunderten würdige Menschen an besonderen Tagen den anderen Wesen verborgenen Klang seiner Trommel hören und sogar eine Einweihung von ihm empfangen.[52]

Eine klare Botschaft dieser Geschichte aus der frühen Zeit des Tantra in Indien lautet: Solange nicht undifferenziert und massenweise initiiert wird, sondern man einzig jene zur Einweihung zulässt, die dazu reif und vorbereitet sind, wird die initiatorische Weitergabe lange Bestand haben und wirksam bleiben.

Dies galt auch geraume Zeit für Tibet.[53] Als die Traditionen des Landes noch intakt waren, lebten die Bewahrer der Mysterien mit der Sicherheit uralter Überlieferungen. Die Institutionen wie die öffentliche Meinung Tibets achteten die bewährten Regeln für die Initiation und hielten sie aufrecht.

So kam es in einer Gesellschaft, welche die Werte der Überlieferung verstand und respektierte, kaum zur Versuchung, das Niveau der Einweihungen oder die Bedingungen für Bewerber herabzusetzen.

Die Vernichtung der kulturellen Institutionen Tibets ab 1950 ließ jedoch viele Beziehungen zur Vergangenheit abbrechen. Angehörige des geistlichen Stands flohen aus dem Land und fanden sich in einer fremden Welt wieder, die nicht begriff, was ihnen als heilig und wahr galt.

Aus dem verständlichen Wunsch, ihre Tradition nicht untergehen zu lassen, oft auch aus einem Verlangen nach Anerkennung ihres Stands, begannen viele Lamas initiatorische Riten für Menschen zu gewähren, denen mangels Vorbereitung die Bedeutung damit verbundener Symbole und Handlungen unbekannt war.

Wollten die Lamas auch ein Interesse an von ihnen vertretenen Lehren wecken und die Teilnehmer geistig fördern, verlor dadurch doch das seinen tiefen Gehalt, was ursprünglich als Einweihung gedacht war und ein intensives Erleben im Sinne einer *participation mystique*[54] vermitteln sollte. Übrig blieb eine Geste des Segnens, die bei Menschen, die den ursprünglichen Zusammenhang nicht kennen, zum Irrtum führt, dies wäre der Zweck des Rituals.

Parodien des Tantra

Andere importieren Rituale der Einweihung aus Asien in die ganze Welt, ohne die erforderlichen Vorbedingungen für ein wirkliches Verstehen zu schaffen und die jeweiligen kulturellen Bedingungen zu berücksichtigen.[55]

Dies geschieht beispielsweise durch den Gyalwa Karmapa (*rgyal ba kar ma pa*).[56] Ich gewann von ihm den Eindruck eines guten und gebildeten Menschen, zweifle jedoch an seiner Fähigkeit, Europäern und Amerikanern tantrische Initiationen authentisch zu vermitteln. Von ihm und seinen Vertretern werden Einweihungen in *Sādhanas* wie Süßigkeiten verteilt, ohne das Erfassen und Einfühlen in die Rituale zu gewährleisten.

Man rechtfertigt das mit der Erklärung, auch eine unverstandene und nicht erlebnishaft vollzogne Initiation wäre immerhin ein Segen, der sich nach kommenden Wiedergeburten auswirken wird. Viele Lamas und ihre Anhänger mögen das annehmen und das Beste wünschen. Aber es ist ein blinder Glaube, der niemanden im Sinn einer echten tantrischen Einweihung fördert.

Im alten Tibet lebten die Gebildeten in einer besonderen geistigen Atmosphäre, die im Meditativen wurzelte. Nur wenn nach angemessener Vorbereitung erwiesen war, dass ein Kandidat sein Ziel im Auge behalten konnte und mit allen notwendigen Kenntnissen vertraut war, wurden Initiationen gewährt.

Indem sie dies inzwischen außer Acht lassen, fabrizieren einige ihrer Vertreter eine Parodie der alten tantrischen Tradition.[57] Hier ist auch die inzwischen häufige Praxis zu nennen, einen *Abhiṣeka* für tantrische *Sādhanas* unzureichend vorbereiteten Anwärtern in

Masseneinweihungen zu erteilen. Dies widerspricht den bewährten alten Gepflogenheiten und wird dem Wesen der Initiation nicht gerecht.

Ein verantwortungsbewusster Guru bereitet den Śiṣya vor dem Erteilen einer *Dīkṣā* oder gar eines *Abhiṣeka* intensiv vor und prüft ihn ernsthaft, um ihm dann ein seiner Entwicklung entsprechendes Sādhana zu übertragen. Wie kein Arzt jedem Patienten dasselbe Medikament verschreibt, sondern sogar bei identischem Krankheitsbild individuell unterschiedliche Therapiewege und Dosierungen wählt, verordnet ein echter Guru nicht jedem Śiṣya dieselbe Methode, sondern vermittelt in der Initiation jeweils das seinem Charakter und der augenblicklichen Situation Angemessene.

Mit allen Mitteln der Reklame geschäftsmäßig angekündigte Masseneinweihungen setzen geistige Werte herab. Sogar das gute Wirken ernsthafter Vertreter des Tantra wird hierdurch missverstanden und von recht Denkenden aus verständlichen Gründen abgelehnt.

Wir können diesbezüglich Herbert V. Guenther zustimmen, der den „höchst symbolischen Charakter von Tantra" betonte und kritisierte:

„Es ist ziemlich viel Unheil dadurch angerichtet worden, daß die Wiederholbarkeit dieser Rituale mißbraucht und die Texte wahllos verwandt worden sind ohne Kenntnis der verschiedenen symbolischen Ebenen. Nur wenn ein Mensch so weit herangereift ist, daß er ein Symbol nicht mehr mit einem Zeichen verwechselt, kommt er allmählich in wirkliche Berührung mit dem Guru."[58]

Inspiration statt Imitation

Wer in diesem Sinn eine wirkliche Berührung mit dem Guru in einer authentischen Einweihung begehrt, ist gut beraten, nicht jenen zu folgen, von denen Initiationen inflationär „wie Äpfel oder eine Handvoll Trauben verschenkt werden," um die Worte John Blofelds zu gebrauchen.[59]

Die echte Tradition lebt meist im Verborgenen und tritt oft unspektakulär auf. Sie verträgt sich schlecht mit weltlichem Pomp und der Faszination der großen Zahlen. Bedenkt man die individuelle Vorbereitung, die für eine wirksame Einweihung erforderlich ist, wird deutlich, dass auch der größte Meister sich nicht tausenden von Schülern in intensiver Weise widmen kann.

In einer wahrhaft förderlichen Beziehung von Guru und Śiṣya spielt stets die Individualität der Beteiligten eine hervorragende Rolle. Der weise Guru inspiriert den Śiṣya, doch prägt er ihn weder nach vorgegebenen Rezepten noch formt er ihn nach einem ihm genehmen Muster. Vielmehr animiert er ihn zur Entdeckung eines *persönlichen* Weges.[60] Wer als Guru dem Śiṣya einen Weg mit genau jenen Stationen aufdrängt, die sich für ihn selbst bewährten, vergewaltigt dessen Natur.

Einzig, was ein Suchender selber findet, gehört wahrhaft ihm und wandelt dauerhaft seinen Charakter. Was er nur übernimmt und nachahmt, bleibt ein Fremdkörper in seinem Leben und stört früher oder später dessen Harmonie. Dies gilt auch für alle sehr spezifischen kulturellen Formen. Tantrische Initiationen haben sich in ihren äußeren Gestalten auf ihrem Weg von Indien nach China, Japan, Tibet und in andere Gegenden Asiens verändert, und sie wandeln sich ebenso auf ihrem Weg in den Westen. Das getreue

Übernehmen von Liturgien, Gewändern und Bezeichnungen heißt nicht zwingend, dass der Geist lebendig blieb.

Ein Guru, der diesen Namen verdient, will nicht Inhalte und Bräuche vermitteln, die der Śiṣya zu imitieren hat, sondern durch Initiation und Inspiration dessen Geist erwecken. So wird der Schüler nicht zum „Anhänger" oder Abziehbild des Lehrers, sondern geht *seinen* Weg. Er setzt das Werk seines Guru auf eine ihm gemäße Weise fort. Einzig auf diese Art bleibt eine Tradition lebendig und erschöpft sich nicht in der Weitergabe toter Hüllen.

Mein Weg war der Weg der Siddhas: der Weg individueller Erfahrung, Freiheit und Verantwortung, inspiriert durch die unmittelbare Übertragung eines geistigen Impulses im Akt der Initiation.

Wo dagegen Abhängigkeiten wachsen, sei es von Menschen oder Inhalten, von Riten oder Regeln, Bräuchen oder Orten, dort sind die Freiheit und Individualität, die den Weg der Siddhas von Anfang an auszeichneten, schnell vergessen. Man übernimmt keine Verantwortung und ergibt sich blind einem Schicksal, anstatt sein Leben bewusst zu formen. „Wo immer das Licht des Bewusstseins ist, herrscht Freiheit; wo immer dieses Licht nicht in uns hineindringt, ist Schicksal. Für den Vollendeten, den *Siddha*, dessen Bewusstsein die Gesamtheit des manifestierten Seins umfasst, gibt es kein Schicksal mehr."[61]

7. Kapitel

Durch die Pforten des Todes

Der Tempel des Leibes

In der Initiation geht es darum, das Licht des Bewusstseins so intensiv zu erfahren, dass der Śiṣya einen klaren Blick auf die Möglichkeiten seiner individuellen Freiheit gewinnt. Der damit eröffnete Weg eines Siddha, der sein Bewusstsein ganzheitlich entfaltet, besteht aus der Praxis der Meditation und in seinen wesentlichen Aspekten aus einer Bewährung im Leben.

Weil theoretische Lehren diesen Weg bereiten, geben viele Gurus dem Śiṣya vor der Einweihung auch Aufgaben, die sein Denken herausfordern. Das tantrische Vajrayāna entstand nicht zuletzt vor dem Hintergrund einer weit entwickelten buddhistischen Philosophie, deren Höhepunkte die Relativitätslehre des Madhyamaka und die tiefenpsychologische Bewusstseinstheorie des Vijñānavāda waren. Weil die großen Philosophen dieser Schulen ihrem Intellekt nicht gestatteten, auf halbem Weg stehen zu bleiben, gelangten sie bis an jene Grenzen, die auch dem kühnsten Denken irgendwann gesetzt sind, und öffneten sich den intuitiven Erkenntnissen, die der unmittelbaren Erfahrung entspringen. Sogar die erhabensten Lehren und höchsten Weisheiten müssen im Leben entfaltet werden, wenn sie nicht abstrakte Vorstellungen bleiben sollen.

Folgerichtig entwickelte sich die tantrische Weltanschauung mit ihren Praktiken (*sādhana*) aus dem Vijñānavāda, der „Bewusstseinslehre", die als Schule in diesem Sinn auch als Yogācāra bezeichnet wurde: *Ausübung des Yoga*.

Dass eine Lehre nicht Theorie bleibt, sondern Eingang ins Leben findet, bedeutet in gewissem Sinn, dass sie eine menschliche Gestalt annimmt. Genau dies ist der tiefere Hintergrund der anthropomorphen Symbolik der *Tantras*: Die im Vollzug der Initiation übermittelte meditative Praxis, führt zur Schau von Buddhas, Bodhisattvas und Gottheiten. Doch sollten diese menschengestaltigen Wesen nicht als bildhafte Gleichnisse für abstrakte Ideen missverstanden werden.[62] Der Buddha Amitāyus ist keine Allegorie des „unendlichen Lebens", was sein Name bedeutet, er verkörpert das unendliche Leben. Maitreya ist kein Sinnbild der Liebe, die er im Namen trägt, sondern deren Verkörperung. Die Gestalten der tantrischen Meditation sind die sichtbaren Erlebnisformen geistiger Ganzwerdung in menschlicher Gestalt. Wer sich meditativ mit ihnen identifiziert, hat an ihren Qualitäten teil. Jede Weisheit wird für uns nur dann zu einer *Wirklichkeit*, wenn wir sie im Leben *verwirklichen*, also wenn sie durch uns in einer menschlichen Daseinsform lebendig werden kann.

Wenn etwas in unserer menschlichen Gestalt lebendig wird, betrifft dies vor allem unseren Körper. Es geht darum, dass ein Mensch tatsächlich das *verkörpert*, was er erkannte. Im Unterschied zu den Vertretern mancher geistigen Richtungen, die den Leib als einen Hemmschuh der geistigen Entwicklung betrachteten, bedeutet dieser für die Tantriker eine Herausforderung zum inneren Wachstum. Ganz in diesem Sinn schreibt Sri Aurobindo, der bedeutende moderne Denker des religiösen Indien: „Das Hindernis, das das Physische dem Geistigen entgegensetzt, ist kein Argument für die Ablehnung des Physischen, denn in der verborgenen Vorsehung der Dinge sind unsere größten Schwierigkeiten unsere besten Gelegenheiten. Die Vervollkommnung auch des Körpers sollte, im Gegenteil, unser letzter Triumph sein."[63]

Derart will der initiierte Śiṣya seine physische Erscheinung zum Tempel höherer Kräfte werden lassen. Bei Novalis lesen wir: „Es gibt nur *einen* Tempel in der Welt, und das ist der menschliche Körper. Nichts ist heiliger, als diese hohe Gestalt. Das Bücken vor Menschen ist eine Huldigung dieser Offenbarung im Fleisch. Man berührt den Himmel, wenn man einen Menschenleib betastet."[64]

Mit diesen Worten von Novalis lässt sich illustrieren, wie ein Siddha, ein Mensch auf dem Weg des Tantra, erlebt. Tomo Geshe, mein erster Guru, weihte mich in das Maṇḍala des Cakrasaṃvara ein, in dessen *Tantra* es sinngemäß heißt: „Man soll sich selbst und alles Sichtbare als göttliches Maṇḍala betrachten, jeden Laut als Mantra hören und alle im Geist entstehenden Gedanken als magische Entfaltung der großen Weisheit erfahren."[65]

Dieser Anweisung zufolge erlebt sich der Initiierte in der Mitte des Maṇḍala in einer vollendeten körperlichen Gestalt. Der Leib wird so zum Tempel des *Bewusst*-Seins, und alle seine Sinnesorgane erhalten eine höhere Qualität. Darum hört man jeden Ton als Mantra. Die im Inneren gewahrten Gedanken, also die eigene geistige Schöpferkraft, erfährt man als ein unaussprechliches Mysterium.

Der Diamantkörper

Doch wird im Tantra unter Körper mehr verstanden als das bloß Physische. Ausgehend vom Leiblichen erfährt der Śiṣya einen subtilen inneren Körper, von dem schon im alten Buddhismus die Rede ist. Im *Mahāsakuludāyīsutta* erklärt der Buddha dem Udāyī, dass er seine Jünger lehre, aus ihrem stofflichen Leib einen geistig gestalteten neuen Leib hervorgehen zu lassen. Die entsprechende Stelle sei in der Übersetzung von Karl Eugen Neumann wiedergegeben:

„Weiter sodann, Udāyī, hab' ich den Jüngern die Pfade gewiesen, auf deren Stegen meine Jünger aus diesem Körper einen anderen Körper hervorgehn lassen, formhaft, geistig gestaltet, mit allen Gliedern begliedert, sinnenfällig. Gleichwie etwa, Udāyī, wenn ein Mann einem Rohre den Halm auszöge und sich sagte: ‚Das ist das Rohr, das ist der Halm, eins ist das Rohr, eins ist der Halm: aus dem Rohre hab' ich ja den Halm gezogen'; oder gleichwie etwa, Udāyī, wenn ein Mann das Schwert aus der Scheide zöge und sich sagte: ‚Das ist das Schwert, das ist die Scheide, eins ist das Schwert, eins ist die Scheide: aus der Scheide hab' ich ja das Schwert gezogen'; oder gleichwie etwa, Udāyī, wenn ein Mann eine Schlange aus dem Korbe nähme und sich sagte: ‚Das ist die Schlange, das ist der Korb, eins ist die Schlange, eins ist der Korb: aus dem Korbe hab' ich ja die Schlange genommen': ebenso nun auch, Udāyī, hab' ich den Jüngern die Pfade gewiesen, auf deren Stegen meine Jünger aus diesem Körper einen anderen Körper hervorgehn lassen, formhaft, geistig gestaltet, mit allen Gliedern begliedert, sinnenfällig."[66]

Diese Aussagen legen eine völlige Neugeburt nahe. ... *rūpiṃ manomayaṃ sabbaṅgapaccaṅgiṃ ahīnindriyaṃ*, jener Satz, dass der Schüler des Buddha aus seinem Leib einen anderen hervorgehen lässt, wäre nach Mircea Eliade in dem folgenden Sinn zu verstehen: „Ich habe meinen Schülern die Mittel gezeigt, sich ausgehend von diesem (von den vier Elementen) gebildeten Körper einen anderen Körper von intellektueller Substanz zu schaffen, der vollständig ist in seinen Gliedern und mit transzendenten Fähigkeiten begabt."[67]

Sagt man hier statt „intellektueller" besser von „geistiger" Beschaffenheit, kommt zum Ausdruck, dass es dem Buddha um die Erschaffung eines dem physischen überlegenen Körpers geht, der unser weiteres Leben und unsere zukünftige Geburt entscheidend bestimmt.[68] Dieser innere Körper, der durch intensive meditative Praxis wächst, wird als Diamantkörper (*vajrakāya*) bezeichnet, weil seine Natur unzerstörbar und zugleich transparent ist.

Statt von der *Transparenz* des Diamantkörpers ließe sich auch von seiner Leerheit (*śūnyatā*) sprechen.[69] Doch weil sich „Leerheit" leicht als eine Negation missverstehen lässt, bringt der Begriff der Transparenz besser die wesentliche Eigenschaft dieses subtilen Körpers zum Ausdruck. Er lässt uns die wechselseitigen Beziehungen aller Wesen und Dinge erfahren. Der Diamantkörper, wie er in der tantrischen Meditation erschaut wird, symbolisiert damit die Leerheit in sichtbarer Form. Diese transparente Form steht nicht mehr im Gegensatz zum Raum, sondern Form und Raum durchdringen einander.

Unsterblichkeit

Über den Weg vom physischen Leib zum Diamantkörper lässt sich das Todlose erlangen. Es reicht nicht, wenn ein Mensch nur an seine Unsterblichkeit glaubt oder Hoffnungen hegt, irgendetwas an ihm würde schon den Tod überdauern.[70] Jeder muss seine Unsterblichkeit erwerben. Ob wir mit dem vergänglichen Körper sterben, oder mit dem Diamantkörper über den Tod triumphieren, liegt tatsächlich in der Entscheidung des Einzelnen.

Die meisten Menschen wählen den Tod und verzichten auf die Unsterblichkeit, weil sie sich mit dem Nichtdauernden identifizieren und an jenen Leib klammern, der Alter, Krankheit und Sterben nicht entgehen kann. Die bloße Überzeugung, dass es nach dem Tod eine Wiedergeburt gibt, hilft nicht weiter. Sogar wenn ein Gestorbener wiedergeboren wird, aber die Kontinuität zu seinem früheren Leben nicht erkennt, wäre er im eigentlichen Sinne gestorben. Wer keine absichtliche Verbindung von einem zum andern Leben herstellen kann, weiß noch nichts von der Unsterblichkeit.

Mit der Verbindung von einem Leben zum anderen verhält es sich wie mit der bewussten Brücke vom Einschlafen zum Aufwachen. Sollte man jeden Tag auf sich beruhen lassen, um alles Gewesene zu vergessen und allmorgendlich neu zu beginnen? Wer so leben wollte, würde sich auf das Niveau des Tieres begeben, das nur körperliche Bedürfnisse befriedigt, ohne Vergangenes zu reflektieren und Kommendes schöpferisch zu gestalten. Das Leben und Sterben hinge nur von äußeren Umständen ab. Vielleicht wäre man glücklicher, solange die Bedürfnisse befriedigt sind. Doch um welchen Preis! Alle menschlichen Errungenschaften, Kultur und Forschungseifer wären zu opfern. Man verzichtete auf jedes Streben über sich selbst hinaus.

Stellt man dagegen die Verbindung von einem Leben zum andern her, indem der innere Zusammenhang erkannt wird, lässt sich der Weg zur Vollkommenheit zielgerichtet gehen. Dies erfordert nicht, sich darum zu bemühen, die Einzelheiten der vorgeburtlichen Vergangenheit zu kennen. Der Weg besteht vielmehr darin, durch das mit der Initiation einsetzende geistige Training die Fähigkeit zu erwerben, bewusst durch Sterben und Tod zu gehen, um dabei die Richtung des nächsten Lebens zu bestimmen.

Plutarch sagte, im Augenblick des Todes würde die Seele das Gleiche erleben, was Eingeweihte der großen Mysterien erfahren.[71] Diese durchschreiten im Vollzug der Initiation bereits die Pforten des Todes und der Wiedergeburt. Darum erkannten sie die Einheit beider im Strom des unendlichen Lebens.

Das in den alten Mysterien lebendige Wissen hatte sich in Tibet erhalten, wo es bis in die Neuzeit von einzelnen Eingeweihten gepflegt und angewandt wurde. Davon zeugen unter anderem die Lehren und Symbole des so genannten *Tibetischen Totenbuchs*. Von vielen als eine Art buddhistische Sterbemesse verkannt, handelt es sich eigentlich um ein Handbuch für Eingeweihte. Sein korrekter Titel lautet *Die Befreiung durch Hören im Zwischenzustand* (*bar-do thos-grol*).

Was man als „Zwischenzustand" (*bar-do*) bezeichnet, bezieht sich nicht allein auf die Phase zwischen dem physischen Tod und einer Wiedergeburt, sondern für die meisten Menschen auf jeden Moment ihres Daseins. Das Leben derer, die nicht den Weg der Eingeweihten gehen, bleibt ein langer Zwischenzustand, der keine höhere Realität beanspruchen darf als das Erleben im Traum oder ein illusorischer Geisteszustand.

Wer den Impuls der Initiation aufnimmt, um seinen physischen Leib zum Tempel höherer Kräfte werden zu lassen, aus dem in der Folge der transparente Diamantkörper heraustritt, wie man „das Schwert aus der Scheide" oder „die Schlange aus dem Korbe" zieht, erwacht aus dem schattenhaften Zwischenzustand. Er wird zum Meister seines Lebens und Sterbens.

8. Kapitel

Magie und Mysterium

Konfrontation mit dem Schatten

Das Wissen, dass der Mensch im Vollzug einer Einweihung durch die Pforten des Todes tritt, um für das Geschehen beim physischen Sterben gewappnet zu sein, fand sich in früheren Epochen überall auf der Erde. Für die Mysterientraditionen des Westens stellte der Archäologe Franz Cumont fest: Der in der Welt verstorbene Initiierte „lebt nicht als schwacher Schatten oder als zarter Hauch fort, sondern im Vollbesitze seines Leibes wie seiner Seele. So lautete die ägyptische Lehre und so jedenfalls auch die der Mysterien, die in der griechisch-lateinischen Welt gefeiert wurden.

Durch die Initiation wurde der Myste zu einem übermenschlichen Leben wiedergeboren und den Unsterblichen gleich. In seiner Ekstase glaubte er die Schwelle des Todes zu überschreiten und die Götter der Unterwelt und des Himmels von Angesicht zu Angesicht zu schauen."[72]

Auch in der tantrischen Praxis ist es von großer Bedeutung, dass der Eingeweihte nicht nur den lichten Göttern des Himmels begegnet, sondern gleichfalls mit den dunkeln Göttern der Unterwelt konfrontiert wird, um sich für das zu rüsten, was sich beim Sterben des Körpers ereignet:

„Im Tode, in dem das Bewusstsein schwindet, wird unser Unbewußtes frei, - nun bricht es allbeherrschend aus." Es öffnen sich die Pforten des Tiefenbewusstseins eines Individuums, wodurch eine erschreckende Vielfalt an Bildern geschaut wird. „Die Urbilder der heiligen, verführerischen und furchterregenden Gestalten, die wir im Leben auf Menschen projizierten, wenn wir sie verehrten, begehrten oder haßten," treten uns nun gegenüber.[73] In einer Initiation und den sich anschließenden Übungen kann dieser Prozess vorweggenommen und gemeistert werden.

Genau darum geht es im *Tibetischen Totenbuch*. Wie Heinrich Zimmer zutreffend feststellte, ist dieses „nicht nur ein Ritual für den Dahingegangenen, ihn zu lehren und zu leiten, sondern auch eine Yogalehre für den Lebenden, daß er sich an Hand seiner Schilderungen beizeiten mit den gestaltigen Ausgeburten seiner Tiefe vertraut mache in innerer Schau und Verehrung und furchtlos sie wiedererkenne, wenn sie ihm im Zwischenreiche begegnen. Wer schon bei Lebzeiten durch seinen Guru eingeweiht ist, kann ihrem Schrecken nachmals gewachsen sein und das reine Licht der Erkenntnis, das alles dies als Māyā hinter sich läßt, verwirklichen."[74]

Aus diesem Grund wird ein Mensch in der Initiation mit der Ganzheit all dessen konfrontiert, was er ist. Der Eingeweihte verleugnet seine Schattenseiten nicht, sondern erwirbt eine Haltung, die sich mit den Worten Richard Wilhelms umschreiben lässt:

„Kompromißlos müssen wir das ganze Wesen anerkennen und müssen die Gesetze suchen zu seiner Bildung und Harmonisierung, denn auch hier darf uns nichts Menschliches fremd bleiben. Nichts mehr verdrängen, verurteilen, übersehen dürfen wir. Sondern erneuern, gestalten, ins Gleichgewicht und zur Harmonie bringen. Auch für uns selber gilt es: Du sollst nicht nur dein Gutes lieben, sondern auch dein Nichtgutes. Du sollst das Gute in dir zum Meister setzen und das Nichtgute zum Jünger. Und du sollst Meister und Jünger in dir auf dieselbe Weise lieben, damit du vollkommen zum Leben eingehest und nicht mit abgehackter Hand und ausgerissenem Auge."[75]

Darum lehrt man den tantrischen Yogi, „die dämonischen Gewalten seines Inneren als seine eigenen Schutzgottheiten zu verehren; dann braucht er keine Furcht vor ihnen zu haben, wenn er ihnen im Zwischenreich begegnet, er hat sie schon immer in Scheu verehrt. Wir müssen beizeiten lernen, mit den Nachtseiten unseres Wesens umzugehen, - nicht um mit ihnen dämonisch in die Welt zu wirken oder bei uns geheim zu spielen – das wäre schwarze Magie oder Teufelsanbeterei -, aber wir müssen sie ehrfürchtig anerkennen als die dunklen gefährlichen Mächte, die in uns sind."[76]

Die Götter der Unterwelt lassen sich wie jene des Himmels während der in den *Tantras* gelehrten Meditationen im Tempel des Leibes nieder. Der Siddha sieht ihnen furchtlos in die Augen, um das Lichte in sich zum Meister zu setzen und das Dunkle zum Jünger. Weil er nichts zur Seite schiebt und nichts vor sich versteckt, kann er sein sterbliches Wesen zur Todlosigkeit wandeln, indem die Impulse der Initiation und die folgenden Übungen unmittelbar wirken.

Unmittelbare Wirkungen

Lässt ein Mensch aus seinem sterblichen Leib den Diamantkörper treten, der bewusst durch die Pforten des Todes schreitet und im Wissen um seine Vergangenheit einer neuen Geburt zustrebt, kann man diesen geistigen Schöpfungsakt als ein Werk der *Magie* bezeichnen.

Über das Wesen der tantrischen Magie befragte der Sinologe Erwin Rousselle einen tibetischen Mystiker. Dieser wies in seiner Antwort auf Vasubandhu hin, einen wichtigen Vertreter des Vijñānavāda oder Yogācāra des 4. Jahrhunderts. Eindringlich lehrte dieser indische Meister, dass die erlebte Welt unsere Vorstellung ist. „Ändert sich unsere Vorstellung von der Welt, so ändert sich damit auch diese," erklärte der tibetische Mystiker und ergänzte: „Der Welt liegt aber zugleich objektive Wirklichkeit zugrunde, wie alle realistischen Schulen betonen. Die Welt ist eine Mischung aus unserer Vorstellung und einer objektiven Basis. Infolgedessen kann nicht jeder seine Vorstellung von der Welt ändern, sondern nur der Erleuchtete. Dieser verändert seine Vorstellung von der Welt und verändert damit den Weltzustand. Das ist Magie."[77]

Magie erscheint damit als die Fähigkeit des wahrhaft Eingeweihten, durch gezielte Änderung seiner Vorstellung, Gegebenheiten in der Welt zu verwandeln.[78] Es ist die Kunst, direkt mit dem Geist zu wirken, ohne einen Umweg über physische und dingliche Mittel. Ein solches unmittelbares Wirken bedarf der konzentrierten Kraft eines Blitzes, dessen hohe Spannung ohne leitendes Medium auskommt. Die Transmission geistiger Kräfte im Vollzug der Initiation, der Einfluss von Geist auf Geist, telepathische Phänomene, Hellsicht und Hellhören, Verwandlungen von Körper und Geist durch Yoga, intuitives Wahrnehmen höherer Realitäten, dies alles lässt sich als magische Wirkung bezeichnen, die ohne die üblichen Medien und Wege auskommt. Resultate scheinen in diesen Fällen jenseits der gewohnten Regeln der Kausalität in Zeit und Raum hervorzukommen.

Mantras, Ideen, Bilder, Symbole und die Persönlichkeit hoch entwickelter Menschen, also die Elemente einer Initiation, wirken auf diese Weise magisch. Wird der in einer Initiation empfangene Impuls im eigenen Geist am Leben erhalten und genährt, wirken Mantras und Bilder einer tantrischen Meditation (*sādhana*) wie stete Tropfen, die den härtesten Stein höhlen. Die Wirksamkeit aller Vorstellungen und Ideen, die wir innerlich wiederholen und rhythmisieren, wird multipliziert. Wer auf diese Weise sein Vorstellen und Denken beherrscht, wird zur Magie fähig.

„Ich unterschätzte die magische Gewalt der Gedanken und verfiel immer wieder in den Erbfehler der Menschheit, die Tat für einen Riesen zu halten und den Gedanken für ein Hirngespinst. – Nur, wer das Licht bewegen lernt, kann den Schatten gebieten und mit ihnen: dem Schicksal; wer es mit Taten zu vollbringen versucht, ist selbst nur ein Schatten, der mit Schatten vergeblich kämpft, " schreibt Gustav Meyrink in *Das grüne Gesicht*.[79] An einer andern Stelle dieses Romans heißt es: „'Die Welt, in der wir leben, ist eine Welt der Wirkungen. – Das Reich der wahren Ursachen ist verborgen; wenn es uns gelingt, bis dahin vorzudringen, werden wir zaubern können.'

‚Und sollte seine Gedanken beherrschen können, - das heißt, die geheimsten Wurzeln ihres Entstehens aufdecken – nicht dasselbe sein wie zaubern?'"

„'Vorläufig zaubern wir Menschen noch mit Maschinen; ich glaube, die Stunde ist nahe, wo wenigstens einige es mit bloßem Willen zustande bringen werden. Das bisher so beliebte Erfinden von wundervollen Maschinen war nichts weiter als ein Pflücken von Brombeeren, die neben dem Wege zum Gipfel wachsen."[80]

Der Mensch bringt seine magischen Potentiale nicht zur Entfaltung, wenn er die Aufmerksamkeit ausschließlich auf äußere Mittel richtet, auf den physischen Leib, auf technische Werkzeuge und auf durch sie erlangte materielle Errungenschaften. Weil er sich von diesen so genannten objektiven Dingen abhängig machte, tragen Fortschritte im Äußeren oft weniger zur Befreiung als zur Versklavung des Menschen bei.

Der Ausweg besteht nicht im Verleugnen des Materiellen oder dem prinzipiellen Ablehnen äußerer Fortschritte, die durch objektive Leistungen von Wissenschaft und Technik entstehen. Die Initiation erweckt ein Bewusstwerden jener Kräfte, die diese äußeren Errungenschaften schufen. Indem der Eingeweihte sie zugleich nach innen und außen richtet, stellt er ein Gleichgewicht her, das ihn vom Sklaven zum Meister der materiellen Welt und ihrer Möglichkeiten werden lässt. Indem er sich nach innen wendet, erfährt er, wie er selber in seiner Schau geistige Welten hervorbringen kann.

Die heilige Schau

Zum Schaffen und Schauen geistiger Welten regte mich Tomo Geshe an, mein Guru, der mich in die geheimnisvolle Welt des Cakrasaṃvara gewidmeten Maṇḍala einweihte.[81] Das ganze folgende Jahr stellte ich dieses ins Zentrum meines meditativen Lebens, doch hob in dieser Zeit kaum einen ersten Zipfel des Schleiers, der die Schauungen dieses tiefsten aller *Tantras* verhüllt.

Es geht bei dieser Übung um die vollkommene Schöpfung eines geistigen Kosmos aus dem Innersten des Bewusstseins. Die Formen dieses Kosmos werden aus der Formlosigkeit und unbegrenzten Potentialität der undifferenzierten Leerheit (*śūnyatā*) geschaffen, die sich als Transparenz charakterisieren lässt.

Mittel der Gestaltung sind die Mantras essentieller Gestaltungskräfte. Die Mantras dienen als klangliche Symbole „ekstatisch erschauter Bilder", die der „Wiedererweckung des Schauens" dienen.[82] Im Wiederholen des Mantra kristallisieren sich Farben und Formen, wodurch das konzentrische Bild eines Universums entsteht. Dieses dehnt sich in stets weiter schwingenden Kreisen von Welten, die sich vor dem inneren Auge des Meditierenden manifestieren. Das Zentrum aller Welten stellt der Berg Meru dar, eine ruhende und der Zeit enthobene Achse. In diesem Universum werden die Hierarchien göttlicher Wesen und Daseinsbereiche gegenwärtig, die verschiedene Dimensionen eines sich fortschreitend intensivierenden und transparenter werdenden Bewusstseins verkörpern.

Die Sphäre der höchsten Dimensionen symbolisiert ein himmlischer Tempel am Gipfel des Meru, der das Maṇḍala der tiefsten Glückseligkeit und vollkommenen Verwirklichung des erleuchteten Geistes birgt. In diesem Maṇḍala sind die Hierarchien konzentrisch auf zur Mitte hin aufsteigenden Stufen geordnet. Im Zentrum wird die höchste Wirklichkeit in der liebenden Vereinigung und Einswerdung der göttlichen Gestalt Cakrasaṃvaras und der Göttin Vajravārāhī als seiner transzendenten Weisheit erlebt.

Cakrasaṃvara wird mit zwölf Armen und Händen erschaut. Dies drückt die vollkommene Erkenntnis der zwölfgliedrigen Formel des bedingten Entstehens aus, also des Wissens um die innerste Natur des Werdens.[83] Mit dem oberen Paar seiner Hände, zerreißt Cakrasaṃvara eine Elefantenhaut, die das Nichtwissen um die wahre Natur des Daseins symbolisiert. Mit seinen vier Gesichtern in den Farben der vier Elemente durchdringt er die Richtungen des Weltraums mit den vier göttlichen Qualitäten der Liebe, des Mitleids, der Mitfreude und des Gleichmuts.

Jedes Gesicht hat drei Augen, weil Cakrasaṃvaras Blick die drei Welten des Sinnlichen (*kāmaloka*), der Reinen Form (*rūpaloka*) und der Nichtform (*arūpaloka*) ebenso durchdringt wie die drei Zeiten Vergangenheit, Gegenwart und Zukunft. Sein blauer Körper symbolisiert den unendlichen Raum, dessen Leerheit in allem gegenwärtig ist und jeder Gestaltung der Wirklichkeit zugrunde liegt.

Der rote Körper der Vajravārāhī deutet auf ihre leidenschaftliche Hingabe an das Wohl der Wesen. Sie hat ein Gesicht als Ausdruck der grundlegenden Einheit (*advaya*) aller Dinge und zwei Arme, die den zwei Wahrheiten entsprechen, der höchsten oder absoluten Wahrheit (*paramārthasatya*) des Erleuchteten und der verschleierten oder relativen Wahrheit (*saṃvṛtisatya*) der konventionellen Welt.

Vajravārāhī erscheint nackt, denn sie ist vollkommen frei von verhüllender Illusion. Ihre Beine umfangen den göttlichen Körper des Cakrasaṃvara, der sie in enger Umarmung hält. In ihrer vollkommenen und untrennbaren Vereinigung von Körper und Geist drückt sich die Einheit von Weisheit und höchster Beseligung aus. Zudem verkörpern sie die gleichzeitige Ganzheit und Polarität des Männlichen und Weiblichen, des Himmels und der Erde, des Lichts und der Dunkelheit, des Aktiven und des Passiven.

Jede der männlichen Gottheiten, die sich in aufsteigenden Stufen um das zentrale Paar versammeln, ist in gleicher Weise mit einer Weisheitsgöttin vereint. Alle Götter und Göttinnen erschienen so als Reflexe der höchsten Wahrheit auf verschiedenen Ebenen der Wirklichkeit. Sie geben sich einem kosmischen Tanz im ekstatischen Erlebnis höchster Glückseligkeit hin, die aus der Vereinigung der weiblichen Weisheit (*prajñā*) mit ihrer Verwirklichung in selbstloser Liebe durch männliche Kraft (*upaya*) entsteht. Jede Gestalt verkörpert eine bestimmte Qualität oder Station des Wegs zur Vollendung, dessen einzelne Schritte diese umfassende meditative Schau nachzeichnet.

In dem von göttlichen und dämonischen Gestalten bevölkerten Maṇḍala des Cakrasaṃvara werden neben dem prächtigen Tempel auf dem Gipfel des Bergs Meru weitere Orte visualisiert. Darunter finden sich acht bedeutende Stätten der Leichverbrennung in Indien. Diese Orte, die dem Nicht-Eingeweihten schaurige Orte des Todes sind, dienen auch als Stätten der Initiation für Yogis und Siddhas. Sie erfuhren hier eine geistige Erneuerung und Transformation, indem sie durch die Pforten des Todes zur Wiedergeburt schritten.

Milarepa, der im 11. Jahrhundert geborene tibetische Tantriker und Dichter, berichtet von einer Initiation durch seinen Lehrer Marpa: „Dann stellte er das Maṇḍala des Cakrasaṃvara mit zweiundsechzig Gottheiten auf und begann, es mir zu erklären. Er wies auf den in den Staub gezeichneten Grundriss des Maṇḍala und erklärte, daß es ‚das symbolisch bildhafte Diagramm' heiße. Dann wies er mit dem Finger zum Himmelszelt und sagte: ‚Dies sind die Maṇḍalas der tatsächlichen Wirklichkeiten.' Und ich sah deutlich die vierundzwanzig heiligen Plätze, die zweiunddreißig Orte der Pilgerschaften, die acht großen Plätze der Leichenverbrennung und sah Cakrasaṃvara, um den sich alle Gottheiten dieser verschiedenen heiligen Plätze scharten. Die Gottheiten vereinten ihre Stimmen mit denen meines Guru zu einem gewaltigen Chor und übertrugen mir den Einweihungsnamen."[84]

9. Kapitel

Vorbereitung auf die Initiation

Erste Schritte

Wer noch keinen Guru fand, der ihm durch eine Initiation jene Impulse vermittelt, die zur tantrischen Übung (*sādhana*) führen, kann dennoch sein Leben auf eine Weise gestalten, die ihm den Charakter einer Vorbereitung auf die Einweihung verleiht.[85] Die Voraussetzungen einer echten Initiation sind nämlich keine bloß formalen wie das zehntausendfache Rezitieren bestimmter Mantras oder die äußerliche Leistung einer fixierten Zahl von Niederwerfungen. Es geht eigentlich um eine *Haltung*, die es einzunehmen gilt, wenn man reif werden möchte für die Einweihung eines wahren Guru.

Jeder solche Guru wird den Śiṣya auf die eine oder andere Weise prüfen, um herauszufinden, aus welchen Beweggründen er die Initiation sucht. Wie immer der konkrete Grund für den Einzelnen aussieht, irgendwie wird er damit zu tun haben, dass der Śiṣya den Rahmen seiner Freiheit ausweiten möchte, indem er Gewissheit über seine Rolle im Kosmos erlangt. Mit dieser gewinnt er zugleich Klarheit über seine Verantwortlichkeit. Denn *es gibt keine Freiheit ohne Verantwortlichkeit!*

Aus diesem Grund fürchten viele Menschen die Freiheit: Sie haben Angst vor Verantwortung. Ein künftiger Eingeweihter muss jedoch bereit sein, sich den Pflichten zu stellen, die sein Dasein und seine Rolle mit sich bringen. Weil er sich allem verbunden erkennt, missversteht er die Freiheit nicht als eine Berechtigung, nach Belieben und Willkür die Dinge zu tun oder zu lassen. Er sieht seine

Freiheit darin, in jeder Situation so zu handeln, wie es im Hinblick auf seine individuelle Rolle *und* die im Kosmos geltenden Regeln angemessen ist.

Ohne Regeln wäre kein Leben möglich. Gäbe es keine Gravitation, würde alles unerreichbar im Raum schweben. Nur die Grenzen, die uns Gesetze vorgeben, erlauben uns die Freiheit der eigenen Entscheidung. Ein Komponist kennt die Gesetze der Harmonie und Notwendigkeiten der Instrumentierung. Erst dieser einschränkende Rahmen ermöglicht ihm das Schaffen einer Musik, die seinem eigensten Gefühl entspricht. Die individuelle Gestaltung des Ausdrucks widerspricht also nicht universellen Gesetzen. Sie fließt aus dem Künstler wie der Gesang aus dem Vogel. Frei vom Wunsch nach eigenem Vorteil und ohne Geltungsdrang drückt sie spontan innere Erfahrungen aus. Wer den Weg des eingeweihten Siddha geht, verwandelt auf diese Weise sein ganzes Leben in ein Kunstwerk und reift zum vollendeten Weisen. Höchste Kunst heißt wahrhaftes Teilnehmen an jenem kosmischen Spiel, das man in Indien als *Līlā* bezeichnete.

Weil dieses große Spiel weder Willkür noch Launen kennt, bedeutet das Mitspielen niemals, dass man sich gehen lässt. Wie beim Sport folgt man den Regeln, um etwas zu erreichen. Die Weite eines Fußballfelds würde erlauben, sich ganz nach persönlicher Lust zu bewegen. Doch wer beim Fußball keine Regeln achtet, stört das Spiel und wird vom Platz verwiesen. Im kosmischen Spiel heißen die Regeln *Dharma*. Das Wort bezeichnet universelle Gesetze, ohne deren Verstehen man die Freiheit des großen Spiels nicht ausschöpfen kann. Die Initiation eines wahren Guru lässt auch den *Dharma* transparent werden, weil sie dem Śiṣya lebendige Einsicht in universelle Regeln schenkt. Wer eine Einweihung erstrebt, um bewusst im kosmischen Spiel mitzuwirken, soll sich zuvor durch

Studium und Meditation dem *Dharma* nähern. Je gründlicher der Boden bereitet ist, umso fruchtbarer können sich die Impulse eines Guru entfalten.

Līlā ist der Gegenpol zu *Karma*. Der Begriff *Karma*, der wörtlich „Tun" bedeutet, bezeichnet ich-bezogene Aktionen, die von persönlichen *Absichten* getragen sind und deshalb auf den Handelnden zurückwirken. Solange ein Tun egozentrisch ist, fallen seine Effekte auf den Täter zurück. *Līlā* ist dagegen spontanes Wirken, bei dem das Ich keinen Vorteil plant. Ein derart freies Handeln überwindet *Karma* im Sinn der Folgen, die auf einen zurückfallen. Wer wahrhaft am kosmischen Spiel teilnimmt, handelt *karmafrei*. Auf diese Weise verwandelt der in die *Tantras* Eingeweihte *Karma* in *Līlā*. Seine Üben (*sādhana*) besteht zunächst in absichtlichen und wohl überlegten Handlungen, die er wiederholt. Dann vollzieht er sie spontan, womit sie *karmafreies Tun* werden, das von der Gestalt des Buddha Amoghasiddhi verkörpert wird.[86] Die Beziehung von *Līlā* und *Karma* entspricht jener von Freiheit und Notwendigkeit, Spontaneität und Gesetz, des Passiven und des Aktiven, bei denen kein Pol für sich allein besteht. Diese Polarität kommt in der Vereinigung von Vajravārāhī und Cakrasaṃvara zum Ausdruck.

Der Wert des Individuellen

Ein Wirken, das karmafrei, selbstlos und nicht an äußeren Zwecken orientiert ist, setzt beim Śiṣya voraus, dass er sich wie ein guter Schauspieler auf seine Rolle im Leben vorbereitet. Zuerst muss ein Schauspieler seine Rolle wiederholt lesen, auswendig lernen und sich überlegen, wie er den Charakter, den er verkörpern soll, in den jeweiligen Szenen am besten ausdrückt. Doch sobald er auf der Bühne agiert, vergisst er über dem Spiel sich selbst und seine

Überlegungen. Würde er in der Wirklichkeit seiner ursprünglichen Existenz verharren, um nachzudenken, wer er wirklich ist und wie er als Schauspieler auftreten sollte, bliebe er ein schlechter Darsteller. Ebenso kann der Śiṣya nur dann *Līlā* verwirklichen, wenn er sein Getrenntsein vom Ganzen vergisst und seine individuelle Rolle in Beziehung zu allem versteht.

In den *Tantras* wird gelehrt, dass jeder mit allem in Wechselwirkung steht. Die Welt gleicht einem gewaltigen Netz von Beziehungen. Es gibt kein Einzelding, das nicht mit allem anderen im Universum verwandt und verbunden wäre. Dies gilt nicht nur für das, was in diesem Augenblick besteht, sondern zugleich für die sämtliche Dinge der Vergangenheit. Nichts hörte jemals in einem absoluten Sinn auf, sondern alles wandelte sich kontinuierlich. Dieses Prinzip der Kontinuität (*santāna*) ist ein Grundbegriff tantrischer Lebensauffassung.[87] Beim kontinuierlichen Wandel in Raum und Zeit wird jeder Prozess der Transformation von unzähligen gleichzeitig ablaufenden Prozessen durchsetzt oder ist mit solchen verwoben. So entsteht das Gewebe, das wir Wirklichkeit nennen, wobei sich die äußere Struktur des Universums in verkleinertem Maßstab in jedem lebendigen Organismus wieder findet.

So ist jedes Individuum ein Kristallisationspunkt all dessen, was das Universum beinhaltet. Das gesamte Vermögen des Universums wurde aufgeboten, um ein menschliches Wesen, einen Baum oder ein Insekt zu erschaffen. Ohne die Basis aller kosmischen Kräfte tritt kein Wesen in Erscheinung.

In der unendlich weiten Leerheit des Makrokosmos treten extrem selten jene Kristallisationen von Formen in Erscheinung, die man Materie nennt. Wie viel rarer noch sind Bedingungen, unter denen sich bewusstes Leben entwickelt! Man ahnt vor diesem Hintergrund, dass Individualität ebenso wesentlich wie Universalität ist, kann diese doch nur durch Individualität erfahren werden. Indem der Eingeweihte versteht, wie das Universelle einzelne Mikrokosmen hervorbringen musste, um sich seiner selber bewusst zu werden, reift er zunehmend zum Individuum.

Zum Individuum zu reifen, bedeutet das Gegenteil von Egozentrik. Man stelle sich einen Kreis mit Mittelpunkt und Umfang vor. Der Mittelpunkt, in dem sich alles konzentriert, symbolisiert Universalität. Das Ganze individualisiert sich an der Peripherie in den unzähligen Punkten, die den Umfang bilden. An der Peripherie ist man begrenzt, vom Zentrum getrennt und vom Ursprung abgeschnitten. Im Zentrum fehlt hingegen jene Individualität, ohne die Universalität nicht bewusst wird. Initiation stellt eine Beziehung zwischen Peripherie und Zentrum her, wodurch sich die Individualität als Reflexion des Universellen offenbart.

Auch in der Meditation, die eine Initiation vorbereitet, lässt sich diese Erkenntnis gewinnen. Der Meditierende strebt nach der Mitte zwischen Peripherie und Zentrum und erfährt, wie jedes Individuum eine einmalige Manifestation des Ganzen ist. Um seine individuelle Eigenart zu entfalten, braucht ein Ast die unmittelbare Verbindung zum Baum. Unsere Finger sind stets in Kontakt mit dem Körper, ohne den es ihre Individualität als Einzelfinger nicht gäbe. Differenzierung ist kein losgelöstes Eigensein. Kopf und Füße unterscheiden sich stark, doch sind Teile des lebendigen Körperganzen. Die Beziehung des Menschen zum Universum ist nicht so sichtbar wie jene des Asts zum Baum, doch werden sie uns durch Initiation und Meditation bewusst.

Meditation

Tatsächlich führt uns die Meditation wie die Initiation zur Basis unseres Daseins. Sie lässt Meditierende ihre Verbundenheit mit dem Ganzen erkennen. Zugleich ist sie für jeden eine Möglichkeit, sich als Brennpunkt zu erfahren, in dem sich das Universum seiner selbst bewusst wird. Ein solches Erlebnis der gleichzeitigen Universalität und Einmaligkeit seiner Individualität schenkt dem Meditierenden ein sich intensivierendes Bewusstsein seiner Zusammengehörigkeit mit dem Universum, das sich in ihm offenbart.

Um dies zu erfahren, konzentriert sich der Śiṣya nicht zwanghaft, sondern lernt, wie er ungezwungen den Fluss der eigenen Gedanken betrachtet, indem er diesem einfach zusieht. So setzt er der im Inneren wirkenden Dynamik keinen Widerstand entgegen. Alles strömt frei, jede Aufregung verebbt, und er gelangt in eine Ruhe, aus der sich ihm wie von allein die eigene Richtung zeigt. Das einfache Zusehen, wie die Gedanken fließen, geht darum der Meditation über Objekte voraus.

Erfährt er durch Meditation und Initiation die Ganzheit, erkennt der Śiṣya, wie der Tod eines Individuums keine Auflösung bestehender Beziehungen und Verbindungen ist, sondern ein Zurücknehmen oder Eingezogenwerden. Der Körper gleicht einem Echo oder der verwischenden Fußspur von jemandem, der vorüber ging. Man wurde nicht in die Welt hinein geboren, sondern entstand *aus* ihrem Ganzen und bleibt dessen Teil.

Diese Erfahrung des Eingeweihten entspricht dem Erlebnis früher Epochen. Wie Ludwig Klages feststellte, starb der Mensch in seinem Bewusstsein ursprünglich gar „nicht in unserem Sinne, weil es noch nichts in unserem Sinn wesenhaft Totes gab!" Erst eine spätere Auffassungsweise, nach „der das Sterben Existenzvernichtung bedeutet, hat ein vormals unverständliches Grauen vor dem Tode gezeitigt und mit ihm den leidenschaftlichen Wunsch nach Unsterblichkeit."[88]

Doch liegt die unergründliche Dauer des Kosmos, die wir Ewigkeit nennen, jedem einzelnen Dasein zugrunde. Der Initiierte erfährt, wie das All, aus dem er als Einzelner entstand, sein eigentlicher Leib ist. Dieser umfassende Körper wird als *Dharmakāya* bezeichnet.

Erleuchtete leben im *Dharmakāya*, wodurch sie das Universelle unmittelbar erfahren. Gewöhnliche Menschen leben im *Nirmāṇakāya*, dem manifestierten Körper der Wandlung. Er ist mit dem physischen Leib identisch, den der Buddha nicht vom Seelisch-Geistigen unterschied. Sprach er von Wiedergeburt, sah er den Körper nicht als Kleid, in das eine Seele bei der Empfängnis hinein- und beim Tod hinausschlüpft. Er lehrte kein Selbst, das im Sterben die Hülle ablegt, um zum nächsten Körper zu wandern. Vielmehr kristallisiert sich mit der Empfängnis ein Bewusstsein der Vergangenheit als Körper, mit dem es ein untrennbares Ganzes bildet. In dieser psycho-physischen Einheit repräsentiert jeder Mensch im selben Augenblick zwei unterscheidbare Zeitmomente, materielle Kristallisation *und* strömendes Bewusstsein.

Weil sich ein vergangenes Bewusstsein als Leib materialisierte, empfinden Menschen gelegentlich, dass dieser ihrer aktuellen geistigen Entwicklung nachhinkt oder sie hemmt. Im letzten Sinn besteht aber keine Diskrepanz von Körper und Geist, unterliegen doch beide demselben Wandel. Dieser lässt sich nur im Physischen schwerer erfahren als im direkt erlebten Fließen des Bewusstseins. Doch auch alles Physische befindet sich im Fluss, weshalb kein Partikel des Körpers nach sieben Jahren noch dasselbe ist. Wie beim Bewusstsein, das in der Gegenwart um die Vergangenheit weiß, besteht im Materiellen die Kontinuität der Gestalt, was auf ein formendes Prinzip in uns weist. Wandel ist nie abrupt, sondern immer konsequente Transformation.

In der Initiation wird jene sich kontinuierlich wandelnde Ganzheit bewusst, die Körperliches und Geistiges umfasst. Fortschreitend erkennt der Śiṣya, wie sich im Strom seiner Transformationen das Universum spiegelt: Der *Nirmāṇakāya* reflektiert den *Dharmakāya*, der Makrokosmos bildet sich im Mikrokosmos ab. Diese Erfahrung entspricht dem Erzeugen des Diamantkörpers (*vajrakāya*), der lebendigen Erfahrung der Unsterblichkeit.

„Der Mensch ist deshalb nicht erniedrigt, weil er einen sterblichen Teil hat, sondern im Gegenteil, diese Sterbichkeit vergrößert seine Möglichkeiten und sein Vermögen. Seine doppelte Aufgabe ist nur möglich durch seine doppelte Natur: er ist so konstituiert, daß er zugleich das Irdische und das Göttliche umfassen kann.“[89]

Anmerkungen

Einleitung: Anagarika Govdinda und die Mysterien

1 Lama Anagarika Govinda: *Grundlagen tibetischer Mystik*. Zürich und Stuttgart 1956, S. VII

2 Apuleius: *Metamorphosen oder Der goldene Esel*. Lateinisch und Deutsch von Rudolf Helm. Berlin ^{7}1978, S. 383

3 Zitiert nach Jan Assmann: *Liturgische Lieder an den Sonnengott*. (= Münchner ägyptologische Studien 19) München 1969, S. 102

4 Vgl. Susanne Schröter: *Hexen, Krieger, Kannibalinnen. Phantasie, Herrschaft und Geschlecht in Neuguinea*. Münster 1994, S. 188

5 Vgl. Ferdinand D. Lessing und Alex Wayman: *Mkhas grub rje's fundamentals of the Buddhist Tantras*. The Hague 1968, S. 328

6 Vgl. Peter Gäng: „Das Weiße und das Rote. Einweihung im frühen buddhistischen Tantra." In: *Der Kreis* S. 17-27, hier S. 26

7 Apuleius, *Metamorphosen*, S. 385

8 Diese Formulierung im Zusammenhang der Initiationsrituale antiker Mysterien findet sich bei Karl Kérenyi: *Auf den Spuren des Mythos*. München und Wien 1967, S. 81

9 *De legibus* II, 14

10 Walter Burkert: *Antike Mysterien. Funktionen und Gehalt*. München ^{4}2003, S. 58

11 Govinda, *Grundlagen*, S. 54

12 Vgl. Katharina Waldner: *Geburt und Hochzeit des Kriegers. Geschlechterdifferenz und Initiation in Mythos und Ritual der griechischen Polis*. Berlin, New York 2000, S. 39-40

13 Carmin Montserrat Soler Cruz: *The Faith of Sacrifice. Commitment and Cooperation in Candomblé, an Afro-Brazilian Religion*. New Brunswick NJ, S. 144

14 Alfred Schäfer: *Das Unsichtbare sehen. Zur Initiation in einen Voodoo-Maskenbund*. Münster 2004, S. 57

15 Anton Antweiler: „Religion als Einweihung." In: Claas Jouco Bleeker (Hg): *Initiation. Studies in the History of Religions*, Leiden 1965 (= Suppl. Numen X), S. 232-260, hier S. 232

16 Arnold van Gennep: *Übergangsriten*. Frankfurt am Main, New York 1999, S. 15

17 Mircea Eliade: *Das Mysterium der Wiedergeburt. Initiationsriten, ihre kulturelle und religiöse Bedeutung*. Zürich 1961, S. 19

18 Schröter, *Hexen, Krieger, Kannibalinnen*, S. 188

19 „Their condition is indeed the very prototype of sacred poverty." Victor Turner: „Betwixt and Between: The Liminal Period in Rites of Passage." In: Arthur C. Lehmann and James E. Myers: *Magic, Witchcraft, and Religion. An Anthropological Study of the Supernatural*. London, Toronto 2005, S. 46-55, hier S. 49

20 Zitiert nach Reinhold Merkelbach: *Mithras. Ein persisch-römischer Mysterienkult*. Wiesbaden 1998, S. 138

21 Manfred Kremser: „Schamanische Transformationsrituale und die Anthropologie des Todes." Birgit Heller und Franz Winter (Hg): *Tod und Ritual*. Berlin, Hamburg, Münster 2007, S. 59-74, hier S. 62-63

22 Lama Anagarika Govinda: *Mandala. Der heilige Kreis. Stufen der Meditation*. Bern ^{4}1984, S. 147-148

23 Vgl. Volker Zotz: *Auf den glückseligen Inseln. Buddhismus in der deutschen Kultur*. Berlin 2000, S. 193-201

24 Robert Josef Kozljanič: „Böcklin und die daimonische Dimension der Natur." In: *Hestia. Jahrbuch der Klages-Gesellschaft* 19.1998/99, S. 104-128, hier S. 106

25 Vgl. Edgar Wind: *Heidnische Mysterien in der Renaissance*. Frankfurt am Main 1987

26 Lama Anagarika Govinda: *Schöpferische Meditation und multidimensionales Bewusstsein*. Freiburg im Breisgau 1977, S. 180

27 Jan Assmann: „Hieroglyphische Gärten. Ägypten in der romantischen Gartenkunst." In: Gunter Oesterle (Hg): *Erinnern und Vergessen in der europäischen Romantik*. Würzburg 2001, S. 25 – 50, hier S. 40

28 Friedrich Schiller: „Das verschleierte Bild zu Sais." In: *Schillers Werke*. Nationalausgabe. Bd. 1. Hg von Julius Petersen und Friedrich Beißner. Weimar 1943, S. 254

29 Aus den Nachträgen zu *Die Lehrlinge von Sais* zitiert nach Novalis: *Werke in einem Band*. Hg. von Uwe Lassen. Hamburg o. J. [1959], S. 131

30 Paul Kluckhorn und Richard Samuel: „Die Lehrlinge zu Saïs. Einleitung der Herausgeber." In: Novalis: *Schriften. Die Werke Friedrich von Har-*

denbergs. Band 1: *Das dichterische Werk.* Darmstadt 1977, S. 403, S. 71-78, hier S. 75

31 Lama Anagarika Govinda: *Mandala. Meditationsgedichte und Betrachtungen.* Zürich ²1961, S. 158

32 Vgl. Lama Anagarika Govinda: *Der Weg der weißen Wolken.* Stuttgart und Zürich 1969, S. 88 und S. 388

33 Vgl. Govinda, *Weg der weißen Wolken,* S. 242

34 Vgl. Govinda, *Weg der weißen Wolken,* S. 410

35 Benoytosh Bhattacharyya:. *Sādhanamālā.* Edited with an Introduction and Index. 2 Bände. Baroda 1925 und 1928.

36 Lama Anagarika Govinda: „Guru und Cela." In: *Der Kreis* 162 (1983), S. 17-29, hier S. 23

37 Vgl. Claude Levi-Strauss: *Rasse und Geschichte.* Frankfurt am Main 1972

38 Karl Kerényi: *Humanistische Seelenforschung.* München, Wien 1966, S. 338

39 Govinda, *Schöpferische Meditation,* S. 11

40 Govinda, *Mandala,* S. 147-148

41 Turner, „Betwixt", S. 53

42 Govinda, *Weg der weißen Wolken,* S. 181

43 Volker Zotz: *Leitmotive des Ārya Maitreya Maṇḍala.* Luxemburg 2013, S. 39

44 Anagarika B. Govinda: *Art and Meditation.* Allahabad 1936

Lama Anagarika Govinda: Initiation

In Anagarika Govindas Anmerkungen wurden lediglich die Literaturangaben vervollständigt und vereinheitlicht. Zusätzliche Anmerkungen der Herausgeberin wurden mit „(B.Z.)" gezeichnet. Eine Liste der mit drei Buchstaben wie LBA und GTM abgekürzten Werke Govindas, in denen verwandte oder ähnliche Gedanken in anderen Zusammenhang stehen, findet sich auf den Seiten 26 und 27. In den Anmerkungen verweisen Ziffern hinter den Abkürzungen auf die Seitenzahlen.

1. Kapitel

1 LBA 155 (B.Z.)

2 *Dīghanikāya* 16, 5, 30

3 *Dīghanikāya. Das Buch der langen Texte des buddhistischen Kanons.* In Auswahl übersetzt von R. Otto Franke. (= Quellen der Religionsgeschichte 4) Göttingen und Leipzig 1913, S. 242

4 *Die Reden der längeren Sammlung Dīghanikāyo des Pāli-Kanons* übersetzt von Karl Eugen Neumann. Zürich und Wien [3]1957, S. 289

5 *Die Reden der mittleren Sammlung Majjhimanikāyo des Pāli-Kanons* übersetzt von Karl Eugen Neumann. Zürich und Wien [4]1956, S. 844

6 *Dīghanikāya* 27, 10, 11, siehe Franke, *Dīghanikāya*, S. 277

7 Dines Chandra Sircar: *Indian Epigraphical Glossary*. Delhi 1966, S. 2

8 GTM 210 (B.Z.)

9 Heinrich Zimmer: *Abenteuer und Fahrten der Seele. Mythen, Märchen und Sagen aus keltischen und östlichen Kulturbereichen.* Neuausgabe. Düsseldorf und Köln 1977, S. 48

10 LBA 155-157 (B.Z.)

2. Kapitel

11 WWW 55 (B.Z.)

12 Henri Clemens Birven: *Goethes offenes Geheimnis*. Zürich 1952, S. 8

13 WWW 65 (B.Z.)

14 WWW 70-72 (B.Z.)

15 Novalis' *Werke in vier Teilen*. Dritter Teil, *Fragmente I*. Hg. von Hermann Friedemann. Berlin, Leipzig, Wien und Stuttgart o. J. [1908] S. 73

16 Ludwig Klages: *Vom kosmogonischen Eros*. München 1922, S. 123

17 WWW 72 (B.Z.)

18 Vgl. zur Bedeutung von *Samaya* auch Lama Anagarika Govinda: *Grundlagen tibetischer Mystik*. Zürich und Stuttgart 1956, S. 126-127

19 Aus einer Antwort Guenthers bei einem Seminar 1972 zitiert nach Herbert V. Guenther und Tschögyam Trungpa: *Tantra im Licht der Wirklichkeit. Wissen und praktische Anwendung*. Freiburg im Breisgau 1976, S. 25

3. Kapitel

20 MMB 139 (B.Z.)

21 Novalis' *Werke in vier Teilen*. Dritter Teil, *Fragmente II*, S. 83

22 Richard Wilhelm: *Der Mensch und das Sein*. Jena 1939, S. 321

23 PHP 66-67 (B.Z.)

24 Klages, *Vom kosmogonischen Eros*, S. 47-48

25 LBA 175-176 (B.Z.)

4. Kapitel

26 WWW 71 (B.Z.)

27 灌頂經 (B.Z.)

28 Ganapati Shastri (Hg): *Mañjuśrī-mūla-kalpa*. 3 Bände. Trivandrum 1920

29 Gustav Meyrink: *Das grüne Gesicht*. Freiburg im Breisgau (96. - 100. Tausend) 1963, S. 201-202

30 SMB 89-91 (B.Z.)

31 Novalis' *Werke in vier Teilen*. Dritter Teil, *Fragmente I*, S. 217

32 Ludwig Klages: *Der Geist als Widersacher der Seele*. Leipzig 1932, S. 1185

33 Hans-Hasso von Veltheim-Ostrau: *Der Atem Indiens. Tagebücher aus Asien*. Hamburg ^{2}1955, S. 244

5. Kapitel

34 Alexandra David-Néel: *Der Weg zur Erleuchtung. Geheimlehren, Zeremonien und Riten in Tibet*. Stuttgart 1960, S. 46

35 Für eine weitere Übersetzung siehe W. Y. Evans-Wentz: *Das tibetische Buch der großen Befreiung*. München 1955, S. 189-190

36 GTM 225-227 (B.Z.)

37 GTM 231-232 (B.Z.)

38 Novalis' *Werke in vier Teilen*. Dritter Teil, *Fragmente I*, S. 78-79

39 Die diesbezügliche Belehrung meines Guru findet sich vollständig in Lama Anagarika Govinda: *Der Weg der weißen Wolken. Erlebnisse eines buddhistischen Pilgers in Tibet*. Zürich und Stuttgart 1969, S. 66-67

40 MMB 123 (B.Z.)

41 Mit voller Konsequenz hat neben dem indischen Tantra das chinesische *Yì Jīng* (*I Ging*) diese Polarität erkannt und praktisch nutzbar gemacht. Siehe hierzu Lama Anagarika Govinda: *Die innere Struktur des I Ging. Das Buch der Wandlungen.* Freiburg im Breisgau 1983.

42 GTM 232-233 (B.Z.)

43 So heißt es im *Ariyapariyesanāsutta*: „In einer gänzlich blinden Welt, werde ich die Trommel der Unsterblichkeit (*amatadundubhin*) schlagen." (*Majjhimanikāya* 26)

44 ARP 7 (B.Z.)

45 GTM 233 (B.Z.)

46 Novalis' *Werke in vier Teilen.* Dritter Teil, *Fragmente I,* S. 82-83

47 Das *Lakkhanasutta* spricht von den „zweiunddreißig Merkmalen eines großen Mannes", der zur weltlichen Herrschaft als Cakravartin oder zur spirituellen Herrschaft als Buddha berufen ist (*Dīghanikāya* 30).

48 GTM 239-240 (B.Z.)

49 GTM 233-234 (B.Z.)

50 Platon: *Apologie des Sokrates,* 31 d

51 GTB 151 (B.Z.)

6. Kapitel

52 *Caturaśītisidhhapravṛtti* konsultiert in der Ausgabe *Grub thob brgyad bcu rtsa bzhi'i chos skor.* New Delhi (Chophel Legdan) 1973

53 WWW 248-249 (B.Z.)

54 Diesen Begriff gebraucht Govinda wahrscheinlich im Sinn C. G. Jungs, „daß wir unbewußte Inhalte miteinander teilen, daß es eine *participation mystique* gibt." Robert Hinshaw und Lela Fischli (Hg): *C. G. Jung im Gespräch. Interviews, Reden, Begegnungen.* Zürich 1986, S. 64 (B.Z.)

55 BDG 169-170 (B.Z.)

56 Govinda bezieht sich hier auf Rangjung Rigpe Dorje (*rang byung rig pa'i rdo rje,* 1924-1981), den 16. Gyalwa Karmapa. (B.Z.)

57 LBA 172-173 (B.Z.)

58 Guenther, *Tantra im Licht der Wirklichkeit,* S. 67

59 John Blofeld: *Rad des Lebens. Erlebnisse eines westlichen Buddhisten.* Zürich 1961, S. 298

60 SMB 12 (B.Z.)

61 Nach Sri Krishna Prem: *The Yoga of Kathopanishad.* London 1955, S. 66

7. Kapitel

62 GTM 99 (B.Z.)

63 Sri Aurobindo: *The Synthesis of Yoga.* Pondicherry 1955, S. 10

64 Novalis' *Werke in vier Teilen.* Dritter Teil, *Fragmente I,* S. 136

65 GTM 213-214 (B.Z.)

66 *Mahāsakuludāyīsutta* zitiert nach Karl Eugen Neumann: *Die Reden Gotamo Buddhos. Aus der Mittleren Sammlung Majjhimanikāyo des Pāli-Kanons.* Zweiter Band, Mittleres Halbhundert. München [2]1921, S. 337-338

67 Mircea Eliade: *Yoga. Unsterblichkeit und Freiheit.* Zürich und Stuttgart 1960, S. 174

68 SMB 256 (B.Z.)

69 SMB 72 (B.Z.)

70 MMB 140-141 (B.Z.)

71 Der Gedanke Plutarchs, den Govinda wiederholt in seinem Werk anführt (z. B. MMB 147 und im Vorwort zu Eva K. Dargyay und Lobsang Dargyay (Hg): *Das Tibetische Buch der Toten.* Bern, München, Wien 1977, S. 7-20, hier S. 19) findet sich in Plutarchi *Moralia, Volume XV. Fragments.* Translated by Francis H. Sandbach. Cambridge, Mass. 1969 (Loeb Classical Library 429), Fragment 178 (B.Z.)

8. Kapitel

72 Franz Cumont: *Die orientalischen Religionen im römischen Heidentum.* Leipzig 1931, S. 91-92

73 Heinrich Zimmer: *Indische Sphären.* Zürich und Stuttgart [2]1963, S. 186

74 Zimmer, *Indische Sphären,* S. 187

75 Wilhelm, *Der Mensch und das Sein,* S. 49

76 Zimmer, *Indische Sphären,* S. 187-188

77 Erwin Rousselle: „Geistiges Leben in Szetschuan." In: *Sinica. Zeitschrift für Chinakunde und Chinaforschung*. 15. 1940), S. 106-113, hier S. 112

78 MMB 129-130 (B.Z)

79 Meyrink, *Das grüne Gesicht,* S. 140

80 Meyrink, *Das grüne Gesicht,* S. 154

81 WWW 388-393 (B.Z.)

82 Klages, *Vom kosmogonischen Eros,* S. 94

83 Vgl. dazu Lama Anagarika Govinda: *Die psychologische Haltung der frühbuddhistischen Philosophie.* Zürich und Stuttgart 1962, S. 65-75

84 Verändert zitiert nach Evanz-Wentz: *Milarepa. Tibets grosser Yogi.* München-Planegg 1937, S. 137

9. Kapitel

85 Zahlreiche parallele Gedanken und Beispiele zum 9. Kapitel finden sich in Lama Anagarika Govinda: „Liebevolle Zuneigung, Anhaften und Meditation." In: *Der Kreis* 158/159 (Mai/August 1982), S. 1-8. In diesem Artikel sind sie allerdings auf die Meditation statt die Initiation bezogen. (B.Z.)

86 Zur Gestalt Amoghasiddhis vgl. Lama Anagarika Govinda: *Grundlagen tibetischer Mystik.* Zürich und Stuttgart [2]1966, S. 317-345

87 SMB 45 (B.Z.)

88 Klages, *Vom kosmogonischen Eros,* S. 119-120

89 *Corpus Hermeticum,* zitiert nach Birven, *Goethes offenes Geheimnis,* S. 77